中国史
史书系

明清

得龄　马文戈◎著

山西出版传媒集团　三晋出版社

图书在版编目（CIP）数据

极简中国史 . 明清 / 得龄，马文戈著 . -- 太原：
三晋出版社 , 2024. 8. -- ISBN 978-7-5457-3047-0

Ⅰ . K209

中国国家版本馆 CIP 数据核字第 2024JW7389 号

极简中国史·明清

著　　者：得　龄　马文戈
责任编辑：莫晓东
助理编辑：梁富正

出 版 者：山西出版传媒集团·三晋出版社
地　　址：太原市建设南路 21 号
电　　话：0351—4956036（总编室）
　　　　　0351—4922203（印制部）
网　　址：http://www.sjcbs.cn

经 销 者：新华书店
承 印 者：三河市同力彩印有限公司

开　　本：787mm×1092mm　1/16
印　　张：11.5
字　　数：133 千字
版　　次：2024 年 8 月第 1 版
印　　次：2024 年 8 月第 1 次印刷
书　　号：ISBN 978-7-5457-3047-0
定　　价：68.00 元

如有印装质量问题，请与本社发行部联系　电话：0351—4922268

目录

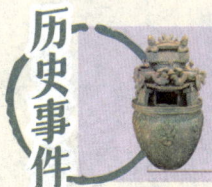

目录

历史人物

135

大事记

174

时代背景

最后的汉族王朝

　　明朝由朱元璋建立于公元 1368 年，至公元 1644 年灭亡，统治中国长达 276 年。朱元璋出身贫农家庭，一朝荣登大宝，也毫不忘本，大力发展农业经济，整顿吏治，严惩贪污腐败，开创了"洪武之治"的盛世。朱元璋死后，太孙朱允炆登基，改元建文。建文帝继位不到一年，便遇上叔叔朱棣举兵造反。朱棣在"靖难之役"中夺得皇位后，改元永乐，并开创了明朝最辉煌的"永乐盛世"。由于夺权的手段不正当，永乐帝格外卖力地向边境各方势力展示武力，希望借此来树立威望和转移群众对他不正当上位的注意力。朱棣死后，他的儿子朱高炽和他的孙子朱瞻基相继继承皇位。经历了近乎穷兵黩武的朱棣时代后，明仁宗朱高炽与明宣宗朱瞻基对于对外的军事活动十分克制，恢复了朱元璋的休养生息政策，继续大力发展农业、积极赈济灾荒，后世称之为"仁宣之治"。仁宣以后，明代开始由盛转衰。

　　公元 1449 年，是明朝第六位皇帝英宗朱祁镇在位的第 14 年，这一年，北方蒙古族首领瓦剌率军南下犯境，朱祁镇或许是想要继承太爷爷朱棣的荣光，毅然决定率兵亲征。尽管大臣们纷纷劝阻，但朱祁镇一意孤行，结果在土木堡兵败被俘，史称"土木之变"。朝中大臣无法救回他们的旧皇帝，便拥立朱祁镇的胞弟朱祁钰为新帝。本来父死子继、兄终弟及乃是寻常事，但谁知朱祁钰上位不到一年，朱祁镇就被瓦剌放回。现任和前任不尴不尬地共处了几年，终于在 1457 年爆发"夺门之变"，朱祁镇重新登上皇位。朱祁镇虽然成功夺回皇位，但经历"土木""夺门"之后的明朝，不但精锐军队损失殆尽，皇帝与文臣也离心离德，宦官趁机弄权，大明国势日渐衰落。其后虽然有"弘治中兴""万历中兴"，但这种"中兴"相对于整个明代来说不过是昙花一现，朝局往往维持不过十余年便很快崩坏。晚明时期，宦官专权和东林党争的问题十分严重。政治上腐败，加之天灾不断，导致全国各地爆发农民起义，而东北的后金政权也趁势崛起。1644 年，李自成攻破北京，明朝的最后一位皇帝崇祯帝在煤山自缢，随后清兵入关，明朝就此灭亡。

▲明·仇英《清明上河图》。仇英的版本，在张择端版本基础上，进行了全新的演绎，绘者以苏州城作为背景，展现了明代苏州城市井生活的盛况

最后的王朝

明朝后期，内外交困，民不聊生，东北地区的女真族迅速崛起。1616 年，女真族杰出首领努尔哈赤建立后金政权；1636 年，努尔哈赤之子皇太极改族名女真为满洲，改国号金为清，正式开始了灭明的战争。1644 年，李自成的大顺军攻占北京，走投无路的明崇祯帝上吊自杀，明朝灭亡。

清朝是我国历史上最后一个封建帝制王朝，在康熙、雍正、乾隆三朝国力达到鼎盛，史称"康乾盛世"。在此期间，中国社会的各方面成就在原有的体系框架下达到极致，国力较强，社会稳定，经济快速发展，人口迅速增长，统一的多民族国家政权得到巩固。尤其值得一提的是，清朝统治者将新疆和西藏重新纳入版图，最终确定了近代中国的版图，积极维护了国家领土和主权的完整。

随着封建专制制度不断加强，盛世之下却隐藏着巨大的统治危机。政治腐败与社会矛盾愈演愈烈，嘉庆、道光年间，清朝开始走向衰落，史称"嘉道中衰"。面对世界局势的变化，清王朝依然闭关锁国，思想禁锢、科技停滞，逐渐落后于世界发展的潮流，由盛世到末世，无可挽回地没落了。

就在清朝走向衰落的同时，西方资本主义国家迅速发展，把侵略扩张的矛头指向幅员辽阔的中国。1840 年爆发的鸦片战争，被称为中国近代史的开端。落后必然挨打，在西方强国的坚船利炮面前，大清帝国屡战屡败，国门被打开，被迫与列强签订一系列不平等条约，主权和领土严重丧失。

在内忧外患、民生痛苦中，爆发了规模宏大的太平天国运动，有力打击了清朝的腐败统治。为了挽救统治危机，清政府掀起了一场"自强""求富"的洋务运动，有力促进了中国近代化的进程。但清政府在甲午战争中的惨败，宣告了洋务运动的破产。为救亡图存，资产阶级维新派积极推行变法，但由于清政府顽固派的激烈反对，"戊戌变法"最终失败。

19 世纪末，八国列强组成联军，再次悍然发动侵华战争，"天朝大国"的迷梦终于破灭。面对民族危机，"义和团运动"兴起，英勇进行反对帝国主义的斗争。1911 年，轰轰烈烈的辛亥革命爆发，清朝的腐朽统治土崩瓦解；1912 年 2 月 12 日，末代皇帝溥仪颁布了退位诏书，清朝灭亡了。

▲清·姚文瀚《乾隆紫光阁赐宴图卷》

历史事件

HISTORY

洪武建国——朱元璋的答卷

公元 1279 年，南宋王朝最后一位皇帝跳海而死后，元朝统一中国。在之后的六十多年里，元朝对外四处征战，对内横征暴敛，百姓苦不堪言。元朝末年，朝廷对百姓的剥削有增无减，黄河、淮河等区域又旱涝成灾，老百姓无以为生，终于在强烈的愤怒和不满下起而反抗。元末以红巾军为主力的农民起义在百姓的怒火下以燎原之势迅速蔓延。在这次起义过程中，有一个人成就了改朝换代的霸业，他就是朱元璋。

在中国历代皇帝里，朱元璋的出身最为卑微。他本是安徽凤阳一个贫农家的孩子，遭遇荒年后家破人亡，只好到附近皇觉寺出家当和尚，后来又被迫离开了寺庙，四处乞讨为生。红巾军起义爆发后，朱元璋投身到了起义军的行列。朱元璋在起义军中屡建奇功，很快获得了部队的指挥权。朱元璋成功打败了他的竞争对手陈友谅、张士诚和方国珍，一统江南。此后，朱元璋的军队马不停蹄，北上伐元。公元 1368 年，大军攻取元大都，元顺帝携眷逃奔上都，蒙古人在中原的统治至此结束。朱元璋在南京宣布建立明朝，明朝统治正式开始。

如果把统治中国当作是一场考试，在元朝政府被淘汰后，朱元璋带领着他的大明代表队意气风发地进入了考场。他认真总结了上一届考生的经验教训，开始答卷。尽管关于元代为什么灭亡有多种答案，

▲明·赵原《明太祖朱元璋坐像图》

但至少在朱元璋看来，元朝统治的失败原因主要包括：地方割据、官吏贪污腐败和百姓不能安心地在地里从事农业生产。

解决地方割据

地方割据就是指占据一方领土并使该地区脱离中央控制，所以地方割据势力就是地方潜在的"造反"势力。元朝统治时期，崇尚"以力服人"的蒙古人入乡随俗地建立起一套文官系统，但设计得并不是十分高明。从中央到地方的各级政府机构非常冗杂，而中央对各级行政机构的控制又不够紧密，使地方政府拥有了很大的自主权；到元朝末年，中央已经不能再有效节制各行省，于是各地除了直接起兵造反的，连镇压造反的力量也纷纷走上割据的道路。朱元璋认为元朝在这一点上简直太失败了，于是在即位之后，特别强调中央对全国各级行政机构的控制。朱元璋的具体的措施是：大力缩减官僚机构的规模；在中央，废除中书省和丞相制度，让丞相以下的六部分理国家的政务，并使各部尚书直接听命于皇帝；在地方，废除行中书省制，改设承宣布政使司、提刑

▲明行都指挥使司夜巡铜牌

按察使司和都指挥使司，分别掌管行政权、司法权和军事权，相互制衡，以免地方长官独掌大权。

解决开国功臣

由于明初还需要处理开国功臣的待遇问题，所以朱元璋在解决完元朝留下的老问题之外，还煞费苦心地制定了一个庞大的套路来解决这批有可能演变成地方割据势力的功勋武将们。

根据历朝历代的经验，封建社会的开国功臣很少能得到善终。一般来说，开国皇帝在创业成功之前，大多一穷二白，因此只能通过给身边的辅佐者们许以高官厚禄来换取他们的全力支持；等到创业成功要分割权益时，皇帝既不好意思翻脸不认人，又担心封赏太过，造成尾大不掉，给子孙的统治留下祸根。朱元璋也是这样琢磨的。

公元 1370 年，朱元璋在封赏辅佐开国的功勋武将之前，先将自己的几个儿子分封到各地驻扎，掌握当地军权，然后再分封各大功臣，一来是想暗示君臣有别，二来则是为了让诸王在地方制衡武将。接着，朱元璋又和功勋武将们结成姻亲关系，强行实现君臣一家，从而在字面和实际意义上，将别人家的东西变成了自己家的东西，实现地方军权全部向中央政权的转移。

此后，随着北方元朝残存势力的逐渐消亡，开国武将失去利用价值并逐渐成为明王朝的统治障碍后，朱元璋以谋反为借口，大肆诛杀功臣，丞相胡惟庸和凉国公蓝玉因此获罪，这就是历史上有名的"胡蓝之

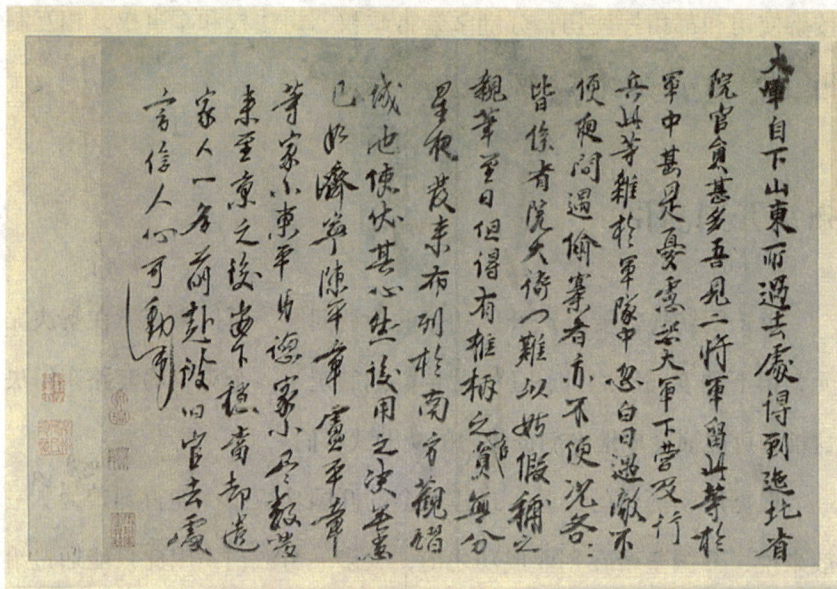

▲朱元璋写给北伐将领的行书《大军帖》

狱"。受此牵连，明初的开国功臣几乎被诛杀殆尽，受株连被杀者有45000余人。

明初的分封诸王制度和对武将势力的铲除活动，为后续统治者的统治带来了一些问题，其中前者对明朝的统治造成了深远的影响。

解决贪污腐败

蒙古人入主中原以后，为避免因人少吃亏，设计了一套四等人制度，不但应用在社会生活的各个领域，而且是世袭制。也就是说，原则上，只要你的爷爷是第四等人，那么你爸爸肯定是第四等人，至于你乃至你的子子孙孙，无论多么优秀，也都只能做第四等人能做的职业，不能越级享受上一等人的权利。而且，元代的高级公务员选拔主要并不是通过科举考试，而是通过"荫叙"，也就是由高官提名他们的子孙来继承自己的职位，所以整个社会阶层是固化且缺乏流动和监管的。一个国家，官员任职不需要经过严格的能力筛选，而看重出身门第；仕途晋升又缺乏竞争机制，且体制内也缺乏对贪腐行为的约束力，那么其腐败可想而知。

针对元朝的吏治腐败问题，朱元璋也进行了非常痛切的反思。朱元璋采取的措施是重开科举考试、建立特务机构和严厉肃贪。首先，朱元璋在公元1382年重开科举考试，并于公元1384年颁布《科举程式》为科举的成文法规。这套制度一直延续到清代，影响长达500多年。由于科举考试是当时一般人进入仕途的主要途径，因此在这500多年里，基本上中国大多数具备一定文化素养的人，都把主要精力用在了埋头故纸堆中。科举考试的内容被当作"正统"和"有用"的学问后，不能用于科举考试的知识自然少人问津，这十分不利于中国科学技术乃至其他学科的发展，并为近代以后

▲明锦衣卫印

的中国落后于欧美列强埋下伏笔。

其次，朱元璋还派他的侍卫对朝中大臣进行严密的监控。洪武初年，朱元璋选派亲信为"检校"，成为他的专属特务。明初的检校，只负责收集情报，没有捕讯的权力；到胡惟庸案结束、朱元璋开始着手为进一步铲除功臣做准备时，他才将亲军都尉府的仪鸾卫改为锦衣卫。锦衣卫手握侦查、缉捕、审判、处罚罪犯的大权，开启了明代厂卫特务统治。通过特务机构，朱元璋能够牢牢掌握下级的行踪。有一天，一位叫钱宰的翰林在家里诌了一首诗，大意是：天还没亮就上班，结果皇帝还嫌我晚；到底什么时候才能一觉睡到自然醒啊？结果第二天他去上朝，朱元璋就十分精细地提供了对那首诗的鉴赏意见。这既是朱元璋加强统治、排除异己的手段，也对官员的贪污腐败形成威吓。

最后，除了筛选人才和监视官员，朱元璋还要求群众积极检举贪污腐败行为，并颁布了十分严酷的肃贪法令，具体包括轻罪重刑原则（如贪污满 60 两便要被剥皮揎草）以及凌迟、剥皮等酷刑。明朝时期行政机构本就精简，又因为轻罪重刑的政策，一度造成行政官员的极度匮乏。

空印案

此案发生在洪武年间。明朝规定，每年各级政府都要向中央递交财政报表，而且一级级报送的数字必须完全相符，一旦有错，整个项目都要打回重报。因为明朝幅员辽阔，各地这么来回折腾十分耗时耗力，所以很多官员为节省时间精力，选择在文书上预先盖上印章，需要用时再填写上具体内容。朱元璋认为这样的行为为贪污腐败大开方便之门，所以非常生气，处死了数以百计的官员。

扶持农业

元朝灭亡的直接原因是元末的农民起义，而农民之所以起来反抗，则是因为在家种地种不下去了。对于这一点，身为亲身经历者的朱元璋有着深刻的体会。元朝末年，各地区灾荒不断，农民熬不过灾荒，只好背井离乡去讨生活，成为流民，流民又纷纷加入造反队伍，于是元末的农民起义愈演愈烈。

以上几乎就是朱元璋前半生的写照，所以他在推翻元朝的统治后，十分重视发展农业经济和开展灾荒赈济工作。具体的措施包括鼓励流民去边远、空旷地区垦荒屯田，推行军屯制度，兴修水利等。从他开始，一直到后来的弘治、万历两次中兴，明朝每个治世都离不开皇帝对农业经济的扶持和对灾民的赈济。朱氏家族的大明王朝，是在元朝的废墟上建立起来的，就像盖新楼房之前需要夯实地基一样，朱元璋在建国时采取的种种措施，大多是基于他对元朝覆灭的思考，而不是凭空想象，空穴来风。了解这一点，你就能对洪武建国有了更深刻的理解。

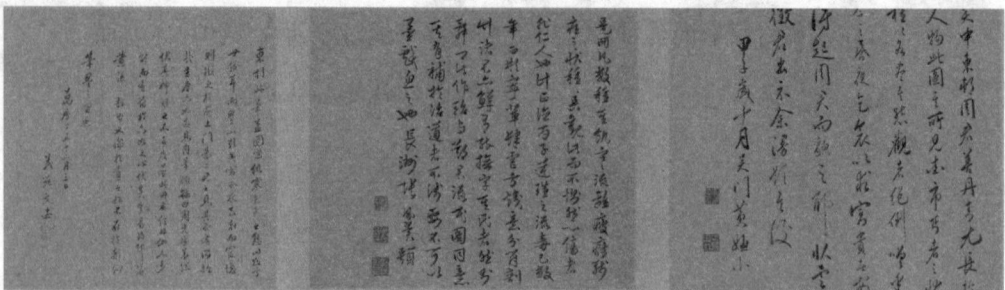

▲明·周臣《流氓图卷》

永乐定边——朱棣的文治武功

经过明太祖 30 多年的治理，明朝到建文帝时已经可以进入守成之世，但没想到爆发了一场长达 4 年的内战。建文帝朱允炆虽是朱元璋官方指定的继任者，但即位不到一年，便遭到叔叔朱棣的挑战，并很快被取而代之。这对叔侄皇位争夺战的直接原因，其实是朱元璋自己亲手造成的。

叔侄的夺位之战

洪武初年，尽管有汉初"七国之乱"和西晋末年"八王之乱"的前车之鉴，但为了消除开国武将对老朱家统治的威胁，朱元璋还是将他的 23 个儿子和 1 个从孙分封到全国军事要区，希望他们能够"藩屏帝室"，这些藩王掌握着十分可观的地方武装力量。建文帝朱允炆继位以后，发现各地藩王不但辈分比自己高，而且手握重兵，于是深感威胁。他和兵部尚书齐泰、太常卿黄子澄反复合计后，决定削藩。

随着越来越多的藩王被削除，燕王朱棣毅然举兵造反，在建文元年（1399）七月，起兵夺取了他所在的北京（当时还叫北平）的控制权，然后上书天子，指斥齐泰、黄子澄为奸臣，以"清君侧"和为国"靖难"

▲杨令茀《明成祖朱棣坐像》

为旗号，正式发动夺位之战，史称"靖难之役"。这场战争持续三年之久，最终以朱允炆的败北告终。

公元 1402 年，朱棣占领南京，把年号改为永乐，成为明朝第三位皇帝。尽管嘴上以削藩为"国难"，但朱棣即位之后，虽然在表面恢复了各位藩王的王位，实际上却削夺了诸王的实际权力，最终削藩成功。

高压治国

由于即位的合法性不足，朱棣一上台就急着树立自己统治的合法性。除了诛杀建文帝的遗臣、消灭政治反对派外，还罢废建文年间的一切新制，销毁建文时期的档案文献和起居注，试图将建文朝从人们的记忆中抹去，并美其名曰"悉复皇考之旧"，意思就是"恢复我爸爸定下的规矩"。

在他恢复的所有洪武旧制中，十分值得一提的是厂卫特务机构。尽管"胡蓝党案"结束之后，朱元璋便下令焚毁锦衣卫的刑具，并宣布以后一切案件交由朝廷三法司审理。但内心不安的朱棣为监控并消除朝野对他的非议，不但恢复了锦衣卫，还增设东厂，任命自己的心腹太监担任提督，重新开启明代的高压统治。

防御性的南征北战

高压治国的同时，朱棣也十分热衷于展示武力。他"秀肌肉"的主要对象是北方的蒙古三部。从洪武建国开始，朱元璋就吸取元朝的教训，反对劳民伤财的武力扩张，他在清除北元势力并在边境筑起防线后，便没有再进一步北伐。此后，蒙古势力经过相互混战，分裂为瓦剌、鞑靼和兀良哈三部，在北方虎视眈眈。由于朱元璋时期明朝实行以藩王镇守北疆的"九王守边"制度，蒙古三部并不敢对明朝展开大规模进攻。

由于建文朝长达三年的内战，北部边疆的防御十分空虚，于是蒙古三部开始不断侵扰明朝边境。当时朱棣为了避免腹背受敌，曾与蒙古各部达成妥协条件；到登基以后，他又向鞑靼派去使节，要求彼此"相与和好"。谁料鞑靼膨胀得不得了，居然把明朝使节杀死了。已经成为皇帝的朱棣，此时正坐享洪武朝休养生息的政策红利，底气十足，于是勃然大怒之下，立刻出兵10万，北伐鞑靼。

然而，由于大明武将集团在经历洪武年间大清洗后战斗力暴跌，10万大军全军覆没。朱棣十分尴尬，为挽回颜面，不得不御驾亲征。

永乐八年（1410）二月，朱棣带着50万大军，深入漠北，对鞑靼穷追猛打，先在斡难河畔把可汗本雅失里追得满地跑，又在兴安岭大破鞑靼太师阿鲁台的军队。朱棣第一次亲征大获全胜。

鞑靼暂时消停后，瓦剌部随着自身势力的不断强大，也开始膨胀。于是，朱棣在永乐十二年（1414）又一次率领30万大军北伐瓦剌，明军在此战中付出了相当大的代价才取得胜利。第二年，瓦剌遣使向明朝谢罪，并恢复了对明朝的朝贡关系。到永乐朝后期，朱棣又先后三次率兵出征漠北，但所获甚微。这位军事能力出众的皇帝最终也逃不过岁月的侵袭，在最后一次北伐回京时病死途中。

　　除武力征讨鞑靼和瓦剌之外，朱棣还南征安南，在当地设置交趾布政司，恢复秦汉时期对越南北部地区的直接统治，并在西北、东北、西南的少数民族聚居地区建立了众多的羁縻卫所。"羁縻"简单说就是软硬兼施，在倚重强大的军事力量和政治压力进行威慑的同时，再出让部分经济和物质的利益来笼络人心。具体来说，这些卫所的官员多由本地酋长担任，而且可以代代相传，但官员的任命等都必须经过朝廷许可才可以；卫所各级官员需定期到京师朝贡，作为回报，朝廷会根据官员等级给予不同的待遇和赏赐；此外，各卫所还必须听从朝廷的调遣，执行明朝的法律政令，在发生纠纷时听从朝廷调解等。

　　明朝的边疆政策大多属于防御性质，出兵的主要目的是维持边疆的安定，而不是为了领土扩张。所以在这样的政策下，朱棣的五次北伐尽管战绩不差，但也只是与蒙古各部建立了脆弱的宗藩关系，并没有彻底征服蒙古各部。永乐末年，鞑靼曾再次南下，明军被迫内徙防线。在后来的漫长岁月里，蒙古各部经常在明朝边境来回试探，一旦发现边境线上的弱点，便趁机侵犯。这为明朝之后的统治埋下了很大的隐患。

《永乐大典》

朱棣在以高压治国、武力定边的同时，也十分重视文治。

即位后的第二年，朱棣召集翰林侍读学士解缙（xiè jìn）等人，命令他们将天下书籍分门别类，编辑成书。第二年，解缙等人将一套大型类书献上后，朱棣嫌这本书不够厚，远远不能匹配他所开辟的伟大时代，于是又命姚广孝、解缙等人重修，并且特别叮嘱他们，千万不要嫌多，要应收尽收。

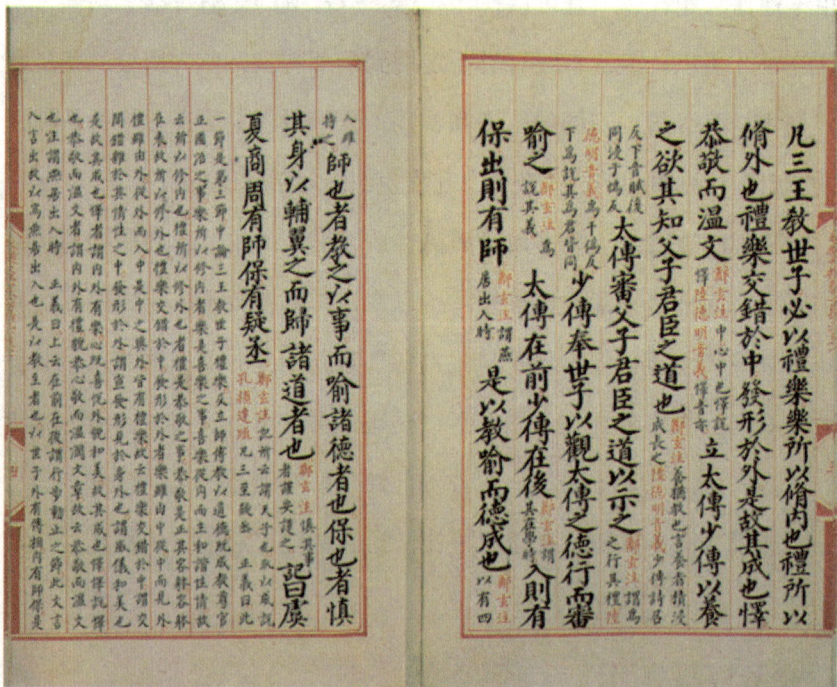

▲《永乐大典》书影

五年之后，姚广孝等人修成一部巨型类书献上。全书共11095册，分22937卷，光目录就占了60卷，总计约3亿7000万字；引用的书籍，上起先秦、下至明初，多达七八千种。朱棣十分满意，亲自作序，并赐名《永乐大典》。

除去编书之外，朱棣还注重与文官集团的交流。他身边的文官多为翰林院编修、检讨、侍讲、侍读官等品级不高的官员，平日除去舞文弄墨，偶尔还能参与机要政务。由于这些文官值班的地方在文渊阁，地处内廷，所以称之为内阁。从永乐朝开始，文官制度逐渐得到加强，内阁所把持的权力在有明一代日益增长，后来逐渐发展为明朝的政务中枢。

如果说洪武建国已经使明朝的制度基本完备，那么永乐朝则是在继承朱元璋开创的制度之余，通过削藩、定边、重设锦衣卫和完善文官制度等措施，进一步强化了中央集权统治，使明王朝立于更巩固的基础之上。

仁宣之治——父子俩的守成之路

洪武、永乐两代皇帝经过数十年的经营，开创了明朝最璀璨的盛世。不过到仁宣时期，明王朝仍有几个非常突出的问题亟待解决。

缓解财政危机

永乐盛世，国富而民穷，面子上十分光鲜，但里子却左支右绌。20 年中，南征北伐和出使西洋的活动频频发生。同时，朱棣登基后，因为北疆地区蒙古人经常骚扰边境，因此朱棣决定将都城迁到北京，因为北京靠近边关，又是皇帝所在的地方，所以一些学者称之为"天子守国门"。定都北京后，朱棣又营建了大量宫殿，因此，尽管明朝国家税收庞大，但仍入不敷出。朝廷的财政面临严重的危机，百姓身上的负担和苦难也随之加重。据当时史书记载，明朝官员的俸禄都被削减了六七成，百姓生活的困难可想而知。为此，明仁宗朱高炽在他的执政纲领宣言中明确宣布停止北伐、营建、宝船下西洋和宫使采买等事务。

尽管明仁宗在位时间只有短短 9 个月，但这些削减开支的措施还是取得了一些成绩。明宣宗朱瞻基即位后，又进一步继承和发扬了节

▲明·戴进《太平乐事册》。明朝在永乐、宣德年间，国力强盛，经济繁荣、文化昌盛，《太平乐事册》将当时人们安乐祥和的生活图景描绘了下来

▲明代双鱼耳宣德炉

省财政开支的举措，其中最重大的一项是放弃安南。

自朱棣征服安南并在该地设交趾布政司后，安南当地军民屡次起兵反抗，于是明朝不得不派兵征剿。

宣德时期，出征安南的明朝军队屡屡吃败仗，明宣宗和文臣们反复讨论，毅然准许安南复国的要求，进行"罢兵息民"。尽管从封建王朝统治者的价值观看，这一举动似乎有些"丢面子"，但却切切实实地为明王朝甩掉了一个超大的财政包袱，挣到了"里子"。

宣德炉

宣德炉，是由明宣宗朱瞻基在大明宣德三年（1428）参与设计监造的铜质香炉，简称"宣炉"。宣德炉是中国历史上第一次运用风磨铜铸成的铜器。

平定朱高煦叛乱

永乐年间，朱棣一面削夺各地藩王的实权和军权，一面又早早册立太子，本不该出现帝位争端，但成祖、仁宗、宣宗三朝，还是存在着藩王觊觎皇位的问题，而这其实主要还是朱棣本人一手造成的。

永乐二年（1404），朱棣虽然将嫡长子朱高炽册立为太子，但他同时又觉得汉王朱高煦也是一个不错的人选，并常常有意无意地鼓励、纵容朱高煦的这种野心，这便造成了永乐和仁宣时期朱高煦长期发酵的不臣之心。

早在朱棣在位时，朱高煦就屡次对朱高炽进行人身和政治谋害，如果不是朱棣身边的文臣集团极力维护朱高炽，朱高煦的图谋几乎就要得逞。等到朱高炽以太子监国了 20 年，终于熬成皇帝以后，朱高煦仍然没有放弃夺权的努力。

由于只在位 9 个月的朱高炽没有给朱高煦太多的发挥时间，所以在朱高炽的儿子朱瞻基继位以后，朱高煦仍积极谋划叛乱，企图效仿自己的父亲朱棣，取代侄子当上皇帝。不过当他按照父亲实践成功的"靖难"公式执行计划时，却出现了截然不同的结果：朝中旧功臣无人策应，地方官员也无人响应，他被孤立了。尽管百思不得其解，但汉王朱高煦还是在宣德元年（1426）八月毅然决定，不管有没有人支持，他都要继承他爸爸"靖难"的荣光，把这件事干到底。他上书指斥夏原吉等为"奸臣"后，就在他的封地乐安起兵，但很快被率兵亲征的明宣宗打得一败涂地。

▲明·佚名《明宪宗元宵行乐图》

完善文官制度

在解决上述痼疾的同时，为了守住祖上留下的基业，仁宣时期还完善了文官治国的制度，为明朝国家机器的稳定提供了有力的保障。

朱元璋废除丞相制后，事必躬亲。据历史学家吴晗先生统计，朱元璋平均每天要看 200 多份奏折，处理 400 多件政事。朱元璋自己也曾写诗吐槽："百僚已睡朕未睡，百僚未起朕先起。"但人的精力终归有限，所以朱元璋先设置了"四辅官"协助处理政务，又仿宋朝制度，设置殿阁大学士作为自己的顾问。不过由于朱元璋时时担心大权旁落，这些大学士很少有参决权。

到永乐时，文臣们在文渊阁入直成为常制，因为文渊阁地处内廷，所以大家称之为"内阁"。当时阁臣的官秩不高，多为翰林院编修、检讨、侍讲、侍读官，地位远不如六部尚书，因此很难在政务决策中发挥太大的作用。一直到仁宣时期，内阁制度被进一步发展和完善，文官群体才迎来了出头之日。

永乐二十二年（1424）八月，战战兢兢监国 20 年的朱高炽终于取得了明王朝的最高统治权，有能力将监国时无法推行的政治主张变成现实。他一上台就让杨荣、金幼孜、杨士奇、黄淮等正三品官员兼任大学士，并恢复一品的公孤官（即三公：太师、太傅、太保，三孤：少师、少傅、少保）虚衔，使他们担任内阁大学士。通过这一系列操作，朱高炽成功地使阁臣的权位远远高过六部。

▲明宣宗朱瞻基《三阳开泰图》

朱高炽去世后，他施行的政策被宣宗继承并发扬。到朱瞻基时，前代阁臣被继续重用，且被授予票拟权。票拟权指代皇帝批阅臣子的奏章，然后将拟定的批阅意见写在票签上随奏章进呈皇帝裁决。通俗地讲，就是由内阁帮皇帝做完作业，然后由皇帝决定要不要抄这份作业。这意味着阁臣可以直接参与处理国家政事。此外，朱瞻基还命令这些元老以任人唯贤的原则推荐了一批资历较浅的能干官员，构成当时官僚队伍的骨干，到宣德三年（1428）时，出现了元老们在幕后控制着六部和都察院，而朝廷首脑则由新人充任的局面。仁宣时期，由杨荣、杨溥、杨士奇担任内阁成员的"三杨内阁"一直持续到了明英宗朱祁镇的统治时期。

内阁地位的上升

内阁的出现，是明朝官制的一大变化，内阁逐渐成为明朝的政务中枢。文官集团在这一时期的崛起是有一定时代背景的，首先，仁宣时期，南北边境已被暂时平定，而国内威胁中央的割据势力也遭到削弱，因此武官的重要性下降，而文臣的地位则相应上升。

其次，由于两朝的大政敌朱高煦拉拢了大批靖难功勋武将，所以从仁宗到宣宗，这对父子所依仗的政治力量一直都是文官群体。在永乐年间的朱高炽、朱高煦立储之争过程中，文官集团曾为了支持朱高炽而受到牵连。相对应的，不论是在仁宗从太子熬成皇帝的 20 年里，还是从明宣宗登基到平定汉王朱高煦引发的内乱这段时间，两位皇帝

▲明·商喜《明宣宗行乐图》

在绝大多数情况下重用文官并听从文官集团的建议。

最后，仁宣时期组成内阁的文官，经历了长期政务历练，本身能力非常强。如当时著名的蹇义、夏原吉，杨士奇、杨荣、杨溥，被时人称为"蹇夏""三杨"，到宣宗时，已经是历经三朝的元老，他们丰富的政治经验和能力素养，是仁宣时期推行仁政的基石。

仁宣时期成功地解决了自朱元璋建国以来就一直备受困扰的财政问题和藩王问题，并通过完善文官治国的制度，使国家政治从开创走向守成。仁宣时期的综合国力虽然不能与汉唐盛世相媲美，却是成就明朝长治久安的开始。

票拟

票拟又名"票旨""条旨"。从仁宣时期开始，全国各地送到中央的奏章，在递到皇帝手里之前，一般需要送到内阁，由阁臣以皇帝的立场作出批阅意见，然后再将写着批语的便条签贴在奏章上再送给皇帝。在这样的制度下，内阁虽然没有掌握决策权，但仍把握了对国家决策的初步建议权。

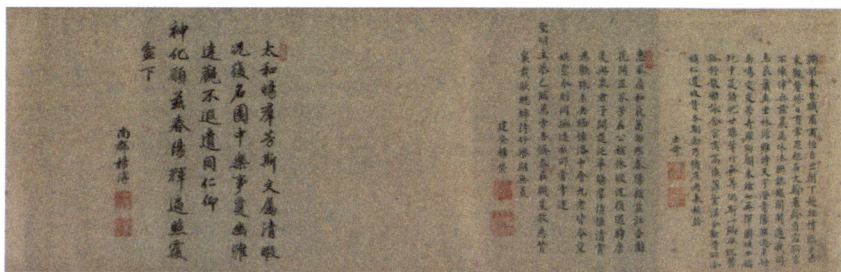

▲明·谢环《杏园雅集图》。此图描绘了明正统二年（1437）三月初一，时值阁臣们的沐休假期，杨士奇、杨荣、王直、杨溥、王英、钱习礼、周述、李时勉、陈循9位朝中大臣以及画家谢环雅集于杨荣在京师城东的府邸——杏园聚会的情景

土木之变——国运的分水线

仁宣以后确立并完善的内阁制度，填补了自朱元璋以后便缺失的丞相的功能。此后，手握重权的内阁逐渐成为明朝政务中枢。然而这种内阁独大的局面并未持续很久，在英宗朱祁镇时期的"土木之变"以后，便迅速瓦解。

"三杨"与王振

宣德十年（1435），明宣宗朱瞻基英年早逝，9岁的朱祁镇即位，也就是明英宗。因为朱祁镇年纪太小，所以由太皇太后张氏行使摄政之权，并以张辅、杨荣、杨士奇、杨溥和胡濙（yíng）等前朝重臣辅政。其中，以"三杨"为首的内阁在其中占据了重要的地位。正统初年，因有"三杨"等老臣在巩固边防、减轻赋税、放宽刑罚、整顿吏治等方面的努力，继续维持着政治清明的局面。太皇太后张氏和"三杨"等人毕竟都是历经几朝的老人，很快便病死的病死，退休的退休，于是明英宗身边的宦官对他的影响越来越大。明朝第一位权阉就诞生在此时，名叫王振。

早在朱祁镇当太子时，王振便陪伴在他身边，深得他的喜爱。英

▲清·姚文瀚《历代帝王真像》明英宗朱祁镇像

宗继位后，便立刻让王振掌控司礼监，与"三杨"抗衡。司礼监的权力很广，除了掌管内廷一切礼仪和刑事、管理当差和听事等杂役外，还有替皇帝管理和批阅奏章的权力。王振凭借司礼监的权力和自己对英宗的个人影响力以及拉拢到的锦衣卫和兵部的力量，在干预朝政的过程中对内阁造成极大的威胁。王振对"三杨"一直有很深的敌意，甚至曾当面对"三杨"表示："朝廷的事都靠你们三位，但你们都老了，还干不干得动啊。"此后，"三杨"大力举荐新人，但后进的人名望有限，不足以服众，短期内无法接替他们。杨荣、太皇太后张氏和杨士奇去世以后，杨溥陷于孤立，于是王振手中掌握的权力迅速膨胀起来。

批红

明代的皇帝，在接到内阁的票拟之后，可以用朱笔在上面写上自己的最终决策意见。由于明中叶以后的大部分皇帝并不勤政，"批红"大权常常由司礼监秉笔太监代行，于是司礼监得以利用这一机会，不断扩大自己的权力，干预明朝的中央决策。

西南和西北的战事

在"土木之变"爆发之前，明朝还经历了一场战事，即平定麓川宣慰司反叛的麓川之役。麓川之役发生于正统二年（1437），时任宣慰使思任发举兵反抗明朝统治。明朝派出 15 万大军，历时一年多，将思任发的核心统治区域攻破，思任发和他的儿子曾两次打出白旗，麓川的这场战事原本可以就这么结束。然而，因为王振刚掌权不久，好大喜功，所以交战继续，使得麓川之役一直持续了 12 年。由于明王朝长期将大部兵力投入西南，而顾不上西北边防，所以瓦剌势力不断膨胀，很快便有明英宗在土木堡被俘的惨败。

早在正统十年（1445），瓦剌便通过发兵攻打哈密卫来试探明朝对西北的态度，但朱祁镇与王振对麓川战事兴致勃勃，对哈密卫的求援则置若罔闻，于是哈密卫被瓦剌夺取；次年，瓦剌又派兵攻打兀良哈三卫，由于朝廷不发一兵一卒，于是兀良哈三卫也告失守。至此，瓦剌进攻中原地区的东、西两边的屏障已被荡除，摩拳擦掌准备挥师南下。对于瓦剌南下侵犯的野心，明朝不是没有大臣提出建言，只是都被王振借故压下。到正统十四年（1449），麓川战事接近尾声之际，瓦剌也大举南下，连续进攻辽东、甘州、宣府、大同等地。一连串失败的消息传到北京以后，王振和朱祁镇才不得不将目光从西南收回，开始重视起北方的防务。

皇帝亲征被俘

本来，朱祁镇开始重视抵御瓦剌是一件好事，但他好大喜功，在王振的鼓动下，居然武断的效仿先辈，亲征瓦剌，想向这些北方的民族一展大明天子的威仪。尽管吏部尚书王直，兵部尚书邝埜、侍郎于谦等百般劝说，但朱祁镇不听劝阻。于是，正统十四年（1449）的七月十七日，明英宗朱祁镇留下太监金英辅佐郕王朱祁钰居守京城，兵部侍郎于谦留京代理部务，然后带着50万大军，匆匆忙忙率军出征。

由于战备不足，明军还没碰到瓦剌军队，粮食就吃得差不多了，加上一路上天气不好，连着下了好几天的雨，军中死伤不少。见一路上丢下的尸体越来越多，王振和朱祁镇觉得大事有些不妙，于是琢磨着打道回府。

在班师回朝途中，王振觉得离自己家乡不远了，就想来一出衣锦还乡。于是，他请明英宗驾幸绕路，可以让他狐假虎威一把。但他们绕着绕着，就让南下的瓦剌骑兵追上了，两军在土木堡展开攻守战。明军战况惨烈，50万精锐尽失，20余万匹骡马和衣甲器械辎重尽为瓦刺所得；明英宗在混战中突围不成，被瓦剌俘获；明英宗带来的很多老臣都战死沙场。

这一战，无论是对明朝的军备力量、尊严还是文官集团势力来说，都造成了很大的损失。在战乱之中，护卫将军樊忠在战死之前用自己的铁锤捶死了王振。

保卫北京和英宗复辟

土木之变后，瓦剌的气焰更加嚣张。野心勃勃的瓦剌首领也先经此一战后信心倍增，相信自己可以一统天下，于是积极南进。另一边，明英宗被俘的消息传到北京之后，朝野一片恐慌，大臣们每天上朝都抱头痛哭，甚至还有人提出迁都南下，幸而被于谦、金英等人坚决抵制。此后，于谦等人以雷霆手段清除王振余党，稳定政局，于是朝野上下重新振作精神，齐心御敌。由于皇帝被俘，所以留守北京的郕（chéng）王朱祁钰被拥立为新帝。同时，朝廷加紧增兵调援，运粮、运兵械入京，积极备战。

十月中旬，瓦剌大军直抵北京城下，北京保卫战就此打响。原先打算一天之内攻克京城的也先看到北京官民严阵以待的架势之后有些震惊，于是改用议和迎驾为诱饵，试探明军的虚实，不过因为明景帝朱祁钰和于谦的严词拒绝，也先的诡计落了空。随后，瓦剌在德胜门、西直门、彰义门等地展开进攻，无一不遭到当地军民的奋勇反击而仓皇退兵。攻了5天，眼看着各地援军都快要赶到北京，也先只好撤兵。此后，

▲明景帝朱祁钰坐像

瓦剌暂时收缩军事活动，并将明英宗朱祁镇送回。

朱祁镇回宫之后，成为没有实权的太上皇，和他的皇后、皇子等被软禁了起来，达六七年之久。公元1457年，朱祁钰重病不能上朝，朱祁镇趁机发动兵变，重新称帝，改年号为"天顺"，史称夺门之变。此后，他对文官队伍进行清洗，杀害了以于谦为首的一大批拥立明景帝的文官，并继续宠信宦官，纵容该群体与文官群体争权。自此以后，宦官群体的权力迅速膨胀，并成为明朝灭亡的一大诱因。

宦官专权——明朝的"老大难"问题

宦官专权是明王朝中后期的一大特色。人们可能不知道东汉时的"十常侍"具体指哪几个人，但明朝的权宦却个个名头响亮：成化年间前有王振，后有汪直；正德年间有刘瑾；天启年间有魏忠贤。因此，宦官专权成为明朝灭亡的一大致命因素。

宦官的优势

宦官势力在明朝的崛起并非偶然。首先，他们的出身和工作性质给予了他们在明朝高度集权的政治环境中的两个优势。一方面，大多数情况下，宦官都出身贫寒，受生活所迫而受腐刑入宫，且入宫时年龄一般偏小，所以在社会上既无朋友又少亲眷，没有什么根基，较难形成盘根错节的宗派势力。因此，在皇帝眼中，宦官对皇权的威胁小，可以随时利用、随时丢弃，比外廷那些难缠的文官大臣们更安全便利。另一方面，宦官常随侍皇帝身边，且明朝又常常以宦官充当皇帝或皇储幼年时的玩伴，所以皇帝会对这类长期陪伴在他们身旁的宦官有一种天然的亲密和依赖感。

宦官可以利用职权之便，对朝政横加干涉。他们的职权一方面是批红权。在朱祁镇以前，宦官虽然手握一定权力，但皇帝还会对他们进行严格管束，而且也会上朝听政、亲临内阁会议，使中央决策权不旁落。因此，当时的内侍对五府六部的官员还十分恭敬。到朱祁镇以后，宦官开始借"批红"权干预中央决策，开始将自己放在和阁臣并列的地位，不再甘于人下。明代中后期的皇帝又多数长期不理朝政，如嘉靖皇帝在位 40 多年沉迷修仙，基本没有上过朝，于是宦官权力达到顶峰，随意驱使文臣，甚至通过影响内阁人员去留来挟持内阁。

宦官专权的另一个体现是对东厂、锦衣卫等特务机构的控制权。尽管朱元璋建国时曾严令"内臣不得干预政事，预者斩"，但这规定到朱棣时就失效了。最早因"靖难"需要刺探宫中情报，朱棣利用了一大批内廷宦官，并在"靖难"成功之后大事封赏；后来，为进一步加强特务统治，又容许宦官参与出使、专征、监军、分镇、刺探臣民隐私等事务。宦官通过控制东厂、锦衣卫等特务机构来排除异己，进一步巩固自己对权力的控制。其中，东厂由皇帝直接指挥，由太监担任提督，因为是直接对皇帝负责，所以上自公侯、下至百姓，他们都有权侦查。锦衣卫是皇帝侍卫的军事机构，一般由皇帝的亲信武将担任，也是对皇帝直接负责，也从事侦查、逮捕、审问等活动。因此，尽管厂卫由宦官和武将分别管理，但由于两者职分关联甚多，所以关系十分密切。到明中叶后，这种联系进一步加强。由于东厂和后来增设的西厂由司礼监太监担任提督，所以权力随着宦官的地位上升而增长，厂权逐渐高于卫权，而锦衣卫则常依附于东、西厂。宦官通过提督东、西厂，派心腹担任锦衣卫使，将这两个特务组织牢牢控制在自

▲明锦衣卫指挥使牌子

己手里。例如成化年间的汪直，统领西厂，掌握军政大权，当时有"但知汪太监而不知皇上"的说法；正德年间，司礼太监刘瑾把持朝政，内阁大臣和六部尚书中有不少都是他的党羽，以至于他曾得意地表示"满朝公卿，皆出我门"；天启年间，宦官魏忠贤被称为"九千岁"，其子侄亲戚几乎全都位列公侯，门下有"五虎""五彪""十狗""十孩儿""四十孙"等党羽，自内阁、六部到各地督抚，多由他的党羽把持。

除了干预朝政，宦官集团也牢牢掌控着皇室产业和国家许多财政来源。如一般赋税和盐、茶等商业税这些本来属于户部管辖的税务，最初由皇帝派宦官监督，后来干脆交给宦官直接管理；宦官还负责打理皇室遍布全国各地的皇庄和藩王的王庄；代替政府管理市舶司，垄断对外贸易；经营皇家产业，凭借特权与民夺利。

内阁的软弱

宦官势力崛起得非常快，除了皇帝的重用外，在一定程度上也与明朝内阁权力不足有关。明朝内阁拥有的票拟权是指内阁接到奏章后，用小票写出批示和答复，然后拿给皇帝参考，这实质上就是一种建议权。当皇帝尊重内阁的时候，内阁的意见便左右着中央的决策。而司礼监所掌握的批红权属于决策权。处在连接内外廷的中枢机要地位的宦官，在皇帝不愿理政事的时候，完全可以将自己的意见包装成皇帝的想法，"挟天子以令诸侯"。因此明朝内阁的权力虽然很大，但摆脱了皇帝辖制的司礼监的权力比内阁的权力大得多。甚至在有些时候，内阁票拟被完全忽视，国家诏令完全出自内宦之手。在这种情况下，明朝的内阁首辅和阁臣很多都选择了逢迎宦官，甚至沦为阉党成员。明朝中后期，大臣要入阁，得先打通司礼监的门路，而这些人进入内阁之后，也只能依附于宦官权势，很难有所建树。就连名臣张居正也是在争取到太监冯保的支持后，才得以推行他的整套改革计划。

嘉靖怠政——超长待机的皇帝

公元 1566 年，明朝的一个户部小主事向当朝皇帝上了一道洋洋洒洒 3000 多字的《治安疏》，先批判皇帝登基后还没认真治理朝政，就跑去修仙问道，不但大兴土木，浪费民脂民膏，而且 20 多年不上朝，搞得朝廷乌烟瘴气。接着表示，天下的黎民百姓看皇帝不顺眼很久了，这一点大臣们都心知肚明，难道皇帝自己没感觉吗？最后提出，希望皇帝勤政、节俭，和朝臣一起努力奋斗，开创大明王朝新气象。这份《治安疏》因为言辞犀利而被后世传诵，它的作者是鼎鼎大名的海瑞，而接这份奏疏的帝王是明朝的嘉靖帝朱厚熜（cōng）。

"大礼议"——谁是我爸爸

朱厚熜与明武宗朱厚照本是堂兄弟，因朱厚照没有子嗣，所以朱厚熜继承大统，即明世宗。朱厚熜性情刚愎，主见极强，这一点从他刚登基就开始搞"大礼议"上可以看出一些端倪。"大礼议"主要包括继嗣、继统两个方面，其中"继嗣"就是朱厚熜是不是以朱厚照儿子的身份继承皇位；而"继统"则是指当上皇帝以后的朱厚熜还能不能管他亲生父母叫爸爸妈妈。在这场持续三年之久的"大礼议"中，代

▲明世宗朱厚熜坐像

表前朝旧文官势力的杨廷和集团主张朱厚熜以皇太子的身份继位，且改认自己的三伯父朱祐樘为父亲；而代表新朝力量的朱厚熜则对此提出反对。"大礼议"不只是一场简单的礼仪之争，其本质上是新、旧政治势力之间激烈的政治斗争。朱厚熜在"大礼议"中逐渐压倒杨廷和的过程，就是皇权逐渐掌握到新皇帝手中的过程，在打击以杨廷和为代表的旧文官势力的同时，朱厚熜也借机组建了服从于自己的政治团队。

短暂地勤奋

经过"大礼议"之后，朱厚熜有力地巩固了他对大明王朝的皇权统治。虽然他后来住在西苑 20 多年，不理朝政，但在统治前期，他还是做出了不少政绩。"嘉靖新政"指的就是嘉靖前期整顿朝纲的措施，具体包括整顿吏治、清查田产、改革赋役、打压宦官和停止外戚世袭爵位等。

整顿吏治主要的一项内容是裁减冗员。在这方面出力最多的是当时的内阁首辅杨廷和。在明武宗朱厚照死后到嘉靖帝从驻地赶来北京继位当皇帝的几十天里，杨廷和一人独掌朝政，雷厉风行地革除了一大批在朱厚照时期通过各种不正当手段当上官的人。据史书记载，被撤官的人至少有十几万，为朝廷每年省了大笔开支。嘉靖帝对此显然十分满意，因此在罢斥杨廷和后，不但没有否认他的举措，还进一步扩大了整顿的范围。

▲嘉靖通宝

　　清查田产主要指的是调查清算诸王和勋戚手中的庄田。由于勋戚豪族大肆兼并农民的田地，从朱元璋时期到朱祐樘时期，明朝政府能征收田赋的土地数量减少了将近一半，这严重影响了国家的财政收入。因此到嘉靖时，户部开始清查贵族手中的庄田，只准保留封国之初得到的庄田数量，其余全部退还给百姓。在清查田产的同时，朱厚熜还采纳了内阁大臣桂萼关于改革赋役的建议，将税粮与徭役由分别审定改为向百姓统一征收银两，为后来隆庆、万历两朝推行"一条鞭法"迈出了第一步。不过，这次改革因为桂萼病退而没有进一步展开。

　　嘉靖帝在执政初期还打击了一批宦官和外戚势力。明武宗时期，镇守太监的权力大增，甚至有权干预刑名政事，所以嘉靖帝执政后，裁革了所有镇守太监，并严惩犯罪的太监。史书有"内臣之势，惟嘉靖朝少杀"的说法，意思就是，明朝中后期的宦官之祸，只有在嘉靖朝稍稍得到了控制。然而，这并不是说宦官在嘉靖朝就失去了地位，例如司礼监的权力就没有被削弱，江南织造局在江浙地区的影响力依然惊人，甚至内阁内部的政治斗争，在很多时候都是由宦官的态度来决定胜负的。

这些改革措施，在一定程度上抑制了宦官和外戚勋贵势力，缓解了土地兼并所带来的矛盾，增加了一部分财政收入。然而，由于这些改革都只是局部实行，而且时断时续，所以成效十分有限。到嘉靖二十一年（1542），由一群宫女主导的旨在谋杀皇帝的"壬寅宫变"爆发。宫变发生后，嘉靖帝便移居西苑永寿宫，一心一意沉迷修仙，再也不去上朝，"嘉靖新政"成为泡影。

壬寅宫变

嘉靖二十一年（1542）冬，十多名宫女不堪忍受专横暴戾的嘉靖帝的虐待，由杨金英牵头，趁嘉靖熟睡之际，谋杀皇帝。当时计划已经完成到将绳索套在嘉靖脖子上的进度，但因为宫女们心理素质不好，七手八脚都没勒死嘉靖，又有心生胆怯的宫女跑去告密，所以宫女们的这次刺杀行动以失败告终。壬寅宫变之后，嘉靖转移到西苑独居，正式开启他20多年不上朝理政，一门心思修炼仙术的生活。

皇帝要当道长

嘉靖帝继位之初，并不十分迷信，他曾在北京拆过庙，在大能仁寺抄过家，在玄明宫毁过金身佛像，然而在太监和方士的诱导下，很快迷上了道教方术，在宫中到处修建祭坛，频繁举行斋醮。所谓斋醮，就是设置道场并开展祭神、作法、上章奏表的仪式。修仙问道看上去很清心寡欲，实际上很费钱，尤其是当这个修仙的人还是皇帝的时候。每次建法坛，光斋坛匾额和楹联所要花费的黄金就有几千两之多。如今北京的天坛、地坛、日坛和月坛的格局也都是在嘉靖时期为了祭祀天、地、日、月而建立起来的。

除了费钱，修仙也严重影响着朝廷的人事。首先，任何人只要有质疑或劝阻嘉靖帝的修仙活动的倾向，就会立刻引起他的反感，例如嘉靖时期的内阁首辅夏言，曾因为在嘉靖帝赏赐道家服饰给入直大臣后私下议论了一句"这不是作为臣子应该穿的衣服"，而得罪了嘉靖帝，地位后来慢慢被严嵩取代。其次，因为沉迷修仙的嘉靖帝恨不得天天都要斋醮，而做醮事需要撰写青词，所以嘉靖朝有很多投其所好的重臣都借此晋升。嘉靖朝中后期的内阁首辅如严嵩、徐阶等基本都十分擅长撰写青词，因此被人戏称为"青词宰相"。所谓青词，只要求形式的工整和文字的华丽、吉祥，没有实在的内容，撰写青词与政治才能全无瓜葛。由此可见，到嘉靖中后期，道教虽不是影响政治的决定因素，但也已经成为明朝权力中心的政治生活中不可分割的一部分。明代著名小说家吴承恩在《西游记》中有很多讽刺道教的情节，都影射了嘉靖朝的政治。

在嘉靖皇帝不上朝的20多年里，朝政主要被严嵩父子把控。严嵩父子不但大力排除异己，残害忠良，而且还大肆地敛财，甚至不惜吞没军饷，导致边境防备被削弱。于是北方的蒙古鞑靼部首领俺答汗频繁南下掠夺，到嘉靖二十九年（1550），甚至一度攻打到北京郊区。

与此同时，东南的倭寇（日本海盗）也频繁侵犯闽浙地区，引发东南地区长达十几年的抗倭斗争。在爱国将领戚继光、俞大猷等人和东南地区百姓的共同努力下，一直到嘉靖四十五年（1566），这场历时十多年的"嘉靖大倭乱"才落下帷幕。除此之外，嘉靖年间还频繁发生民变和兵变。

青词

青词又称绿章，是道教举行斋醮时献给上天的奏章祝文。一般为骈俪体，用红色颜料写在青藤纸上。要求形式工整和文字华丽。

隆万新政——独木难支的改革

公元 1566 年，怠政了 20 多年的嘉靖帝朱厚熜去世。皇子朱载垕（hòu）继位，即明穆宗，年号隆庆。明穆宗本人的才能或许有限，但因为手下有一个由徐阶、高拱、张居正和赵贞吉等人组成的超强内阁团队，所以在他"垂拱而治"的 6 年里，仍取得了一些改革的成绩，并为万历新政奠定了一定基础。

"垂拱而治"的隆庆帝

先后摆脱了严嵩和刚愎自用的嘉靖帝的束缚后，徐阶、高拱、张居正等人在较为贤明的明穆宗手下，终于有机会施展自己的政治抱负，明王朝因此迎来了中兴的迹象。

隆庆帝时期取得的最突出的两大进展分别是隆庆开关和俺答封贡。"隆庆开关"指隆庆朝开放海禁一事。自明太祖朱元璋时起，明王朝就因为倭寇骚扰海岸线而采取了越来越严格的海禁政策。到隆庆元年，由于倭患已被基本扫除，所以明穆宗决定开放海禁政策，允许民间进行私人的海外贸易。东南沿海的商民带着中国的物产远赴东洋、西洋开展贸易，使得大量白银流入中国，促进了国内商业的繁荣。"俺

▲清·姚文瀚《历代帝王真像》明穆宗朱载垕像

答封贡"则是指隆庆年间明王朝与蒙古鞑靼部达成的一项重大和议。隆庆年间，明王朝把握住蒙古鞑靼内部斗争这一契机，趁机与鞑靼进行和议，并建立官方的贡市贸易关系。此举使得此后60多年里，明朝北方边疆没有再爆发大规模的战争。

公元1572年，朱载垕病死，他年仅10岁的儿子朱翊（yì）钧继位。明神宗朱翊钧上任后面临的第一大难题就是"帑藏匮竭"的危机。明朝的财政问题是从朱元璋时期就留下的难题，到明朝中后期时，随着

▲明神宗朱翊钧像

国力的下降而越发吃紧。到嘉靖帝时，已经到了要靠提前征收未来几年的赋税这种"寅吃卯粮"的方式来维持国家的正常运转，以致嘉靖时期民间有"家家皆净而无财用也"的说法；嘉靖末年，由于财政入不敷出，陕西甚至发生100多个宗室官员在巡抚衙门和布政使司聚众闹事讨要俸禄的骚乱事件。隆庆帝继位后，虽然在高拱等人的主持下，开展了一系列改革，但由于时间短、大臣政见不一，所以财政危机并没有得到太多改善。一直到万历初年，张居正独掌内阁后，才终于大刀阔斧实行财政改革。

和张居正共死生的改革

张居正的改革，或者说"万历新政"，从万历元年（1573）开始，到万历十年（1582）张居正去世基本结束，在这十年里得到了明神宗朱翊钧的全力支持。万历新政主要针对政治和经济两大问题展开，前五年重政治改革，后五年重经济改革。

政治上的改革主要是实行"考成法"。万历元年（1573），张居正建立了严密的考核问责制度，对各级官员优胜劣汰，并通过以内阁监控六科、六科监控部院、部院监控地方抚按，形成一级一级的监督体系，使"部权尽归内阁"。这样一来，既裁掉了明朝官僚体系中的一大批冗员，节省了财政支出，又在组织制度上为其他改革措施的顺利推行扫清了障碍。

经济改革主要包括清丈全国田亩和推广"一条鞭法"。明朝的丈田活动最早在洪武时期就已经开展过，当时朱元璋通过一次全国性的大清丈，编造了"鱼鳞图册"，为明代后来的田赋征收建立了基本框架。到明朝中期以后，因为大地主疯狂兼并土地并隐瞒不报，"鱼

▲张居正像

鳞图册”已名存实亡，于是越来越重的财政负担被摊派在越来越少的土地上。为了改变这一困局，历任皇帝都进行过丈田活动，如嘉靖帝执政初期就清丈过一次庄田，但最终浅尝辄止，没有实行全面清丈。万历朝的这次“清丈田粮”规模很大，是继洪武朝之后的第二次全国性的土地大清丈。经过这次大清丈，找出了很多之前偷税漏税的隐瞒土地，新增田亩数多达140余万顷。这样一来，既增加了国家赋役的来源，又有利于将更多的赋役摊派给拥有大量土地的大地主和官绅，缓解平民身上的负担。

至于“一条鞭法”，意思就是将各种田赋和徭役合并为一项，用白银结算，按人丁和田亩分摊。值得一提的是，“一条鞭法”这个说法虽然常常和张居正连在一起，但这个办法并不是张居正的创造。早在嘉靖年间，就有不少赋役负担严重的地方政府开始推行“一条鞭法”，由各地政府根据本地土壤肥瘠等具体情况制定不同的征税标准和政策。在这种地方性改革经过多年的发展和完善，为全国性改革打下了基础后，“一条鞭法”才得以在张居正的推动下于万历九年（1581）在全国推行。“一条鞭法”的好处主要有两个方面：其一，以前赋役分开时，在赋役之外还有很多名目繁多的额外加派，而国家将田赋和徭役进行统一后，政策规定所有人只要交这一项钱就够了，这样各级官吏就很难再巧立名目，用各种税赋来搜刮民脂民膏；其二，“一条鞭法”规定赋役由征收实物改成征收白银，而且由地方官吏直接征收入库，既节省了输送储存之费，又免去了中间运营成本，所以百姓的负担减少了，朝廷的田赋收入反倒增加了。然而，“一条鞭法”也有一个致命的缺陷：

▲明·张居正《帝鉴图说》（部分）。此图是张居正为了供年幼的万历皇帝阅读所画的教科书

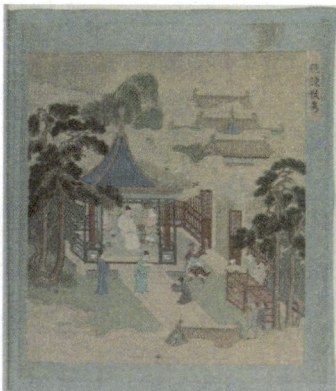

这个政策所触及的利益过于庞大和广泛，之前很多通过充当中间商赚取差价的人因为万历新政损失了大量利益，时刻等待机会推翻这项新政；"一条鞭法"的实行高度依赖执行者严格实行赋役统一这个规则，一旦有人破坏规则，强行加派其他名目的赋役，这个政策就会形同虚设。这也是张居正死后，"一条鞭法"很快就被破坏殆尽的重要原因。

万历十年（1582），57岁的张居正病逝。由于他所推行的一系列改革触及许多权贵和大地主的利益，而他为推行改革而集权于内阁的做法也使明神宗产生反感，所以出现了"举朝争索其罪"的局面。张居正死后9个月，明神宗下诏褫夺张居正的官秩，并抄了他的家。明神宗在诏书里指责张居正"专权乱政，罔上负恩，谋国不忠"，至此，成效斐然的万历新政戛然而止。

鱼鳞图册

又称鱼鳞册、鱼鳞图、鱼鳞图籍、鱼鳞簿、丈量册，是中国古代的一种土地登记簿册，将房屋、山林、池塘、田地按照次序绘制，表明相应的名称，是民间田地之总册。

明朝覆亡——沉疴难起的死局

自从与张居正划清界限后，明神宗带领明王朝迅速走上下坡路。作为明朝在位最久的皇帝，朱翊钧在他统治的48年里，有近28年的时间"万事不理"，怠惰程度与嘉靖帝朱厚熜不相上下。由于皇帝怠政，内阁又所托非人，于是此前已被新政暂时革除的各种社会弊端全面复辟；加上后来著名的"万历三大征"和辽东战争，明朝政府为了支付庞大的军费，屡次加派全国田赋，到明朝末年，"三饷（辽饷、剿饷、练饷）加派"激起了百姓的强烈不满，各地纷纷起来反抗，于是中兴事业彻底无望，明朝不可避免地走向衰亡。

东林党和魏忠贤

公元1620年，万历皇帝溘然长逝，明光宗朱常洛继位，但是疾病缠身的明光宗上任不过月余就辞别人世，于是年仅14岁的太子朱由校登基。明熹宗朱由校在位的天启年间，有东林党人和魏忠贤这两大高亮标签。从万历时期开始，朝政败坏，党派林立，除了东林党和阉党之外，还有浙党、齐党、楚党、昆党、宣党等存在。这些党派之间有时进行联合，互为掎角、排斥异己，有时则相互攻伐。其中，矛盾最

▲清·姚文瀚《历代帝王真像》明光宗朱常洛像

为突出的，是以魏忠贤为首的阉党对东林党集团的打压。

东林党人尽管被称为"党"，但和当代社会所说的"党"却是两个概念。它实际上包括两个相互之间既有联系又有区别的群体：其中一部分是出于对现实的不满而聚集在东林书院讲学、问学的退休官吏和学者，希望通过传统的儒家教育培养出正直不阿的官吏和学者，进而实现社会道德的复兴和政治的清明；另一部分虽然也与东林书院有联系，但更偏向政治上的积极行动派，切实卷入了朝廷内部的政治斗

▲清·姚文瀚《历代帝王真像》明熹宗朱由校像

争。这两个群体有着共同的目标，因此促成了政治上的团结。天启初年，标榜"清流"的士大夫都以东林党人自居，或被认为是东林党人。

东林党集团初露头角是在万历年间的"国本之争"中。万历后期，明神宗朱翊钧倾向于册立自己偏爱的小儿子朱常洵为皇位继承人时，以顾宪成为首的江南士大夫（大部分发展为后来的"东林党"）坚持皇帝应当按照惯例册立嫡长子朱常洛为太子。最终，虽然如愿以偿的东林党人有一部分遭到了万历皇帝的清算，但他们在朱常洛登基后，也得到了巨大的政治红利。到天启初年，东林党集团不但有着控制舆论的能量，而且还担任着内阁、六部的不少要职。

魏忠贤是在万历时期就侍奉在皇长孙朱由校身边的内侍，在漫长的陪伴过程中，他不断排除异己，培植个人势力，还成为朱由校的心腹，随着后者的登基践祚，他也就成了内廷最炙手可热的内侍。朱由校继位不久，魏忠贤便执掌了司礼监秉笔太监的要职，并受命提督东厂。在魏忠贤迅速崛起的过程中，他需要外朝官僚的配合，那些不为"清流"所容而被划定为非东林党的官僚也需要投靠他，于是有了所谓的"阉党"。天启四年（1624）阉党及其羽翼与东林党的斗争进入公开阶段。

宦官与内阁的权力争斗本就是明王朝漫长统治过程中所面临的"老大难"问题，在天启年间，由于士大夫群体内部东林党集团与浙、齐、楚、昆、宣诸党的争斗与内耗，加上阉党所掌握的"批红"权和厂卫这两大致命武器，擅长"清谈"的东林党人很快便陷入绝境，大批骨干力量沦入刑狱。同时，由于官场不乏见风使舵之人，随着魏忠贤权势的迅速发展，越来越多的官员依附到阉党门下。魏忠贤的权势日益壮大，达到之前任何一位明朝专权宦官都不能与之比肩的地步，直至开始威胁到皇权。

木匠皇帝

明熹宗朱由校不是个有作为的皇帝，却是个天生的木匠，最喜欢做的事，莫过于锯木、刨木、油漆、木工，技艺十分高超。

崇祯的绝境

"九千岁"魏忠贤威风了六七年，他所依仗的靠山朱由校病逝了。公元 1627 年，崇祯帝朱由检继位。朱由检深知宦官专权侵蚀明朝统治根基的危害，所以登基之后，先以忍耐的态度和老成的手段逐步架空魏忠贤的大权，免去他在司礼监和东厂的职务；随后命锦衣卫将他擒拿治罪，并以雷霆手段掀起"定逆案"，对所有依附魏忠贤的人进行清洗。同时，在边地裁撤原先镇守各处的内臣，改由各地督抚专门管理边疆事务。朱由检又诏令所有内廷宦官非奉命不得出禁门，并平反了一大批遭阉党迫害而被废黜的大臣。至此，宦官对朝政的影响力已经被大大削弱。长年累月迫于魏氏及其党羽淫威的士大夫们对崇祯的铲除阉党的措施大加赞誉，纷纷以为英主降世，中兴有望。

从洪武建国到崇祯继位，经过 200 多年的统治，明王朝的统治基础已经是千疮百孔。崇祯帝在位的 17 年，是明王朝最动荡的时期。除了遗留的财政危机外，崇祯帝治下的明朝，在军事上，既有农民起义和东北满族的双重抵抗，还面临军纪废弛、兵惰将骄、粮饷匮乏等问题；在政治上，则面临官吏贪污腐败、尸位素餐，整个政府机器运作不灵的困境。崇祯帝采取多项措施，大明的内阁首辅和阁僚乃至边防领兵的统帅如走马灯似的换人，但明王朝病入膏肓，积重难返，已非纾困可解。就在这个当口，又出了袁崇焕一案。

袁崇焕是明代著名将领，天启年间在与后金军队的战斗中取得宁

▲明思宗朱由检像

远大捷、宁锦大捷，但因魏忠贤排挤而辞官。崇祯年间又被重新起用，被授予兵部尚书兼掌东北一带军务。崇祯二年（1629）十月，后金皇帝皇太极率10万精骑，避开袁崇焕把守的锦州、宁远、山海关，绕了个大远道从蒙古草原进攻明朝边境。袁崇焕得知后立刻率部驰援，与后金兵在北京附近展开鏖战，最后胜利保卫北京城。击退皇太极的袁崇焕迅速引来各方的忌恨，不仅魏忠贤的余党罗织了各种罪名弹劾袁崇焕，常年忌惮袁氏的皇太极也趁机离间崇祯帝与袁崇焕的关系，谎称袁崇焕卖国，与后金已有密约。崇祯帝竟信以为真，轻率地治了袁崇焕一个"谋叛欺君罪"，将他处以磔刑。

崇祯帝杀袁崇焕，除了使辽东防御力量大大削弱外，还有重新倚重宦官这一副作用。原本，崇祯帝就对外廷官员爱搞党争和清流言事不满，至此，自己信任的将领"叛变投敌""谋反朝廷"又给他带来了沉重的打击，于是产生了"士大夫负国家"的印象。外廷既然"皆不足恃"，于是崇祯又重新走上了倚靠内侍的老路子，任用宦官曹化淳掌管锦衣卫和东、西厂的大权，并派唐文征、高起潜等宦官外出监军。

崇祯帝的一系列举措未能根除明王朝专制统治的弊病，不过是饮鸩止渴，不但未能挽狂澜于既倒，反而进一步加速了明朝的溃亡。崇祯十七年（1644），李自成攻破北京之际，崇祯帝朱由检自缢于煤山，明朝灭亡。

明代小说——古代小说的黄金一代

中国文学在明代的发展，如果拿诗歌和词比，是远远比不上唐宋时期的，但在通俗文学领域得到了空前的发展。明代小说是从宋元时期的"话本"演变而来。话本相当于讲故事的人手里拿的台词本，宋元时期，单纯听讲唱艺人讲故事已经不能满足百姓需求，所以就有一些人把讲唱艺人说的内容记录下来，整理出版，方便大家随时翻阅。到明朝时，这类文学作品已经发展成非常成熟的白话小说，我国古代最著名的四大古典小说，有三种是在明代完成的。

《三国演义》

明朝初年，由罗贯中撰写的《三国志通俗演义》（简称《三国演义》）是我国第一本章回体长篇小说。该书是在元代的《三国志平话》的基础上，结合陈寿的《三国志》和裴松之对《三国志》的注释以及民间流行的三国故事等基础上编撰而成，全书从黄巾军起义开始说起，讲述了东汉末年群雄争霸，魏、蜀、吴三足鼎立到司马炎一统天下、建立晋朝的故事。其中许多著名情节，如三英战吕布、辕门射戟、火烧赤壁、七擒七纵等故事至今仍为人们津津乐道。书中勾勒的三国时代各个人物的形象生动、鲜明，给古往今来无数读者留下了深刻的印象，甚至影响了人们对三国历史的看法。

《水浒传》

与《三国演义》同时出现的另一本长篇章回体小说是《水浒传》（又名《忠义水浒传》）。一般认为这本书的作者是施耐庵，但是也有人认为这本书是由施耐庵整理，罗贯中编次，甚至还有人说施耐庵是罗贯中的笔名。本书主要以北宋宣和年间宋江起义的故事为原型，结合宋末著名畅销书《大宋宣和遗事》和民间其他相关传说编撰而成，向读者讲述了北宋末年梁山泊农民起义由兴起壮大到被宋朝招安，最终在为宋朝征战过程中逐渐消亡的全过程。本书在歌颂起义英雄的反抗精神和斗争的同时，也为读者揭示了农民起义失败的内在原因。书中塑造的一百单八将的姓名和绰号，以及武松打虎、林冲夜奔、杨志卖刀、智取生辰纲、三打祝家庄等著名情节，至今仍然脍炙人口。《水浒传》完成之后并没有立即出版，一直到正德、嘉靖年间才被刊行，之后经过李贽、金圣叹等人的修改，才从最初的 100 回本演变成现在通行的 70 回本。

上述两本书诞生的历史背景都是元末明初的农民起义运动。当时社会矛盾尖锐，群雄四起，百姓饱受战乱之苦，流离失所，两书的作者都深刻了解底层人民的疾苦。其中，罗贯中在书中寄托了对社会结束动荡，尽快恢复稳定的期待，并在开篇提出"天下大势，分久必合，

▲清·任薰《水浒人物图》

合久必分"的论断。而施耐庵则选择在书中歌颂反抗封建权威、追求人人平等的梁山好汉，同时揭示"官逼民反"的道理，对封建政权进行警示。由于《水浒传》中的"强盗们"个个都是路见不平便拔刀相助的急公好义之人，在深受百姓喜爱的同时，也遭到了封建统治者的忌惮。因此，明清两代都将《水浒传》列为禁书，但官方的禁止抵挡不住百姓自发的喜爱，这本书屡禁不止，在民间广泛传播，最终成为家喻户晓的名著。

三言二拍

明朝时期，小说逐渐演变成一种主流文化活动，其中三言二拍即为集大成者。"三言"即《喻世明言》《警世通言》《醒世恒言》，作者为冯梦龙。"二拍"则是《初刻拍案惊奇》和《二刻拍案惊奇》的合称，作者凌濛初。

《西游记》

《西游记》是明代文人吴承恩结合宋元话本《大唐三藏取经诗话》中的猴行者形象、元杂剧《西游记》中的猪八戒形象、唐玄奘西行 17 年从印度取回佛经的故事以及其他相关的道教、佛教传说，在嘉靖二十一年（1542）前后初步写成的中国古代第一部浪漫主义章回体长篇神魔小说。这本书以唐玄奘西天取经为主线，穿插了师徒四人各种斩妖除魔的情节，歌颂了孙悟空的机智勇敢、不畏强权和唐玄奘矢志

▲溥儒《西游记人物故事画册》

不渝的坚定信念，在一定程度上，寄托了作者的人生遭遇及其对此的思考。

吴承恩 10 多岁时，就因文采而闻名，但投身科举考试却屡试不中，年过六十，才以贡生的资格被任命为长兴县丞。他担任县丞期间，实际负责的是为人养马管粮，类似于"弼马温"的工作。即使是这样卑微的工作，吴承恩还是被人诬陷贪污，在任不到两年便锒铛入狱。此后案情昭雪，吴承恩归隐山田，结合自己几十年来的生活感悟，对此前完成的《西游记》初稿进行修订，借神魔鬼怪影射明代官场，最终形成《西游记》这本 80 万字的巨著。

明代的小说，往往借助于书中虚构的情节来反映明代现实的社会问题。由于情节是虚构的，所以作者得以在书中张扬人物性格，直斥时事，针砭时弊。

正在崛起的马背民族

明朝末年，在我国东北地区的白山黑水间，生活着一个被称为女真的少数民族。其中一支建州女真，出现了一位杰出的领袖爱新觉罗·努尔哈赤，在他的带领下，这个骁勇善战的马背民族迅速崛起。

努尔哈赤出生在建州女真的一个部落酋长的家里，其祖辈和父亲都被明朝政府封为当地的官员。在家庭的熏陶下，努尔哈赤从小就喜欢骑马射箭，练就了一身的好武艺。

努尔哈赤十岁时，母亲去世了，继母对他很刻薄。十九岁时，他不得不分家生活，以挖人参、采松子、摘榛子、拾蘑菇、捡木耳等方式为生。他常到抚顺关马市与汉人、蒙古人进行贸易活动，学会了一些蒙古语，对汉语也有了基本的认知。在此期间，努尔哈赤喜欢读《三国演义》和《水浒传》，后被明朝辽东总兵李成梁赏识，成为其麾下侍从。

努尔哈赤二十四岁时，李成梁率军攻打被叛匪占据的古勒城，努尔哈赤的祖父、父亲自愿做向导并入城劝降，不幸被明军误杀，死于战火。噩耗传来，努尔哈赤认为这都是明朝的错，决心复仇，于是用祖父、父亲留下来的十三副甲胄起兵，表面上虽然归顺明朝，暗地里却开始了统一建州女真各部的战争，为以后消灭明朝作准备。努尔哈赤创立

▲清太祖像

了军民合一的八旗制度，南征北战，所向无敌，至公元 1616 年时基本统一女真各部，并在赫图阿拉称汗建国，定国号为金，史称后金。

后金建立后，努尔哈赤开始整顿内部、发展生产、扩大兵力。1618 年，努尔哈赤宣布对明朝的"七大恨"，正式对明朝开战。1619 年，后金与明朝的第一场关键战役——萨尔浒之战爆发。努尔哈赤采取集中优势兵力、各个击破的方法，以少胜多，大败明军，从而改变了辽东的战略格局，使得双方力量对比发生了根本性的转折，很快就占领辽东大片土地。1625 年，努尔哈赤迁都盛京（今沈阳）。

努尔哈赤英明果敢，用兵如神，但在晚年时却也陷入自大、傲慢和猜忌中，例如歧视、虐待甚至大规模屠杀汉人，使刚刚建立不久的后金一度陷入困境之中。1626 年，叱咤风云、征战一生的努尔哈赤病逝，其子皇太极被推举继位。

八旗

旗既是行政单位，又是军事组织，实行"兵民合一"，旗人"出则为兵，入则为民"，非常高效灵活，大大提高了战斗力，推动了满族社会经济发展。代表每旗的旗帜式样有正黄、镶黄、正白、镶白、正蓝、镶蓝、正红、镶红八种，因此被称为八旗，八旗制度是清朝的根本制度。清军入关后，随着统治的确立，八旗子弟被清帝国供养起来，享有政治、军事和经济上的很多特权。

从关外到关内

　　皇太极是努尔哈赤的第八子，自少年起便经常跟随父兄狩猎和征战，骑射娴熟，屡建战功。他继位后，顺应历史发展趋势，一改国家弊端，大力推行了一系列新政来调整父亲晚年的错误政策。

　　皇太极效仿明制，设立了一套完整系统的国家统治机构，提出"治国之要，莫先安民"，妥善处理女真、蒙古、汉三族之间的关系，尤其重用汉人为官，对汉族上层人物委以重任。他还极力学习汉族先进文化，设立学校，八旗子弟除了练习骑马、射箭，还拿起了毛笔和书本，努力学习各类文化知识。为了扩大兵源，在努尔哈赤女真八旗的基础上，皇太极又创立了蒙古八旗和汉军八旗，军事实力大大增强。

　　皇太极承袭父志，决意入主中原，进而取代明朝统治。他一方面对明朝统治者采取议和策略，同时又屡次入关夺取中原地区大批人畜、财物，从而壮大经济实力。为解除后顾之忧，他两次出兵朝鲜，统一蒙古各部和占领黑龙江流域，统治得以巩固。

　　1635 年，皇太极改"女真"为"满洲"。1636 年，他在盛京称帝，定国号为"大清"，清朝的历史由此开启。

　　皇太极在位期间，发展生产，增强兵力，不断对明朝作战，为清王朝迅速入主中原打下了坚实的基础。1643 年 9 月，皇太极去世，努

▲清太宗像

▲清世祖像

尔哈赤第十四子多尔衮辅佐皇太极第九子福临继位，多尔衮为摄政王。

在后金强势崛起、意在进关取代明朝之际，明朝的统治却显得越来越腐败无能。明崇祯帝在位时期，黄河流域遭遇连年旱灾，饿殍遍野，民不聊生，爆发了以李自成为首的大规模农民起义。1644年正月，李自成的大军势如破竹，攻破西安，建立"大顺"政权，接着便马不停蹄，带兵攻打北京城。崇祯帝民心尽失，再也抵挡不住起义大军的进攻。崇祯十七年三月十九日，李自成攻破北京，进入紫禁城，明崇祯帝走投无路，上吊自杀，统治中国二百七十六年的明王朝灭亡了。

接下来，清军能够顺利进关，除了自身军事力量的强大无敌，还和一个人有着莫大的关系。这个人就是镇守山海关的明朝大将吴三桂。

李自成进京之后，很快被胜利冲昏了头脑，一味贪图安逸享受，不思进取，还放纵将士们胡作非为，李自成手下大将刘宗敏甚至还霸占了吴三桂最喜欢的小妾陈圆圆。"冲冠一怒为红颜"，气急败坏的吴三桂决心报仇，只是自己的力量太小了，根本打不过李自成，于是向关外的满洲人发出了借兵的求援信。

摄政王多尔衮立即接受了吴三桂的求援，于是一面带兵悄悄进入了山海关，一面让吴三桂先跟李自成作战，以消耗他们的实力。就在双方都再也支撑不住的时候，兵强马壮的清军突然杀了过来，李自成大败，不久由北京退往西安，多尔衮的清军顺势进入北京。

1644年10月，清顺治帝在北京举行登基典礼，将北京作为国都。从此，清朝入主中原，开始了在关内的统治。

康熙：我的江山我做主

在多尔衮的辅佐下，刚刚站稳脚跟的顺治帝又乘胜追击，派大军消灭了一些反清势力，渐渐稳固了统治。1661 年，顺治帝病亡，他的儿子玄烨继位，这就是著名的康熙皇帝。

康熙继位时只有八岁，他的父亲顺治皇帝因为担心还是一个孩子的他没法亲自处理政事，就任命四位满族大臣辅佐。四位辅政大臣之中，掌管兵权的鳌拜骄横跋扈，祸乱朝政，满朝文武百官敢怒不敢言，都想除之而后快。康熙帝满十四岁亲政后，鳌拜依然恣意妄行，实际政局并不受康熙直接掌控，于是康熙帝就想找机会除掉他。

康熙帝十六岁的时候，时常召集少年侍卫在宫中作扑击之戏，傲慢自大的鳌拜以为那不过是一些小孩子们的游戏，完全没当回事，每天上朝照旧我行我素，根本不把这帮孩子们放在眼里。一天，鳌拜进宫觐见，康熙帝突然下令，让正在游戏的侍卫将鳌拜逮捕，然后除掉了鳌拜，康熙帝由此夺回朝廷大权。完全亲政后的康熙，从此励精图治，使刚刚建国的大清帝国渐渐强盛了起来。

作为一国之君，当务之急是政局的稳定和领土的安全。康熙帝亲政伊始，国内外环境并不太平，他审时度势，几度出击，取得了相当大的成就。在西南，平定三藩之乱；在东南，收复台湾；在东北，驱逐沙俄

▲清·佚名《康熙帝便装写字像》

▲清·佚名《鳌拜像》

的侵略；在西北，大破准噶尔部叛乱。

康熙帝认为，"家给人足，而后世济"，一个好的君王还要让黎民百姓过上好的生活，才会赢得他们的拥护和爱戴。为了达到这一目的，康熙采取了一系列措施，轻徭薄赋，与民休息。例如，严格废止"圈田令"，让老百姓有土地耕种；鼓励垦荒，十年免税；"地丁合一"，永不加赋；废除匠籍制度，还工匠们人身自由等，所有政策都着眼于国计民生。

农业是天下的根本，而水利是农业的命脉。清朝初年，黄河多次泛滥成灾，严重威胁着人民的生活。康熙帝派靳辅为河道总督治理黄河水患，从1677年到1692年，经过长达十五年的艰辛治理，黄河再也没有发生过大的灾害，真正成为造福人民的幸福河。

▲清·焦秉贞《御制耕织图》（部分）

在康熙帝种种努力下，清王朝政局稳定，经济恢复，耕地大量增加，人口大规模增长，饱受战乱之苦的老百姓安居乐业，过上了难得的好日子。

古人常说："仓廪实而知礼节，衣食足而知荣辱。"康熙深知思想教育的重要性，因此他特别强调礼教，明确规定以儒家学说为治国之本，并亲临曲阜拜谒孔庙。他非常看重中国传统文化的学习和传承，著名的《康熙字典》和《古今图书集成》等文化典籍就是他下令编成的，这是康熙时代留给后世的宝贵财富。

康熙皇帝尤其重视对汉族知识分子的任用和培养。1667 年，康熙帝设立南书房，选拔有知识、有见地的汉人学士任职。

除了重视中国传统文化的继承，康熙帝对西方先进的科技文化也十分感兴趣，向来华传教士学习代数、几何、天文、医学等方面的知识并积极应用于实践，在一定程度上促进了中国古代科学技术的进步和发展。

随着中西方科技文化交流，清朝的对外商业贸易也迅速发展。大量的茶叶、丝绸、棉布、瓷器和漆器大量销往国外，人员互通往来，货物互通有无，当时的繁盛情况，正如法国汉学家杜赫德所说，在清朝康熙年间，原本闭关锁国的中国逐渐向外界开放，并维持着国内、近邻贸易以及欧洲贸易。

大国威仪，盛世荣光。康熙帝在位六十一年，是中国历史上在位时间最长的皇帝，也是中国历史上少有的大有作为的皇帝。在他的精心治理下，诞生了"康乾盛世"的繁荣景象。

▲清·焦秉贞《康熙帝南巡苏州虎丘行宫图》

▲清圣祖像

《康熙字典》

《康熙字典》是清康熙年间由张玉书、陈廷敬等奉诏编纂的一部字典，是中国古代收录字数最多的一部字典，也是中国第一部以字典命名的辞书。《康熙字典》一共收录了47035个汉字，对每一个字的读音和释义有完整的解释，并详细地列举了每一个汉字的含义和用法。

《古今图书集成》

《古今图书集成》是清朝康熙年间由陈梦雷所编辑的大型类书。全书共10000卷，历时28年编纂完成，共分6编32典，是现存规模最大、资料最丰富的类书。

雍正：勤政和反腐，一个都不能少

康熙之后的雍正帝，是一位非常勤政的皇帝。据说一年三百六十五天，他只在生日那一天给自己放半天假，其余的时间都是在工作，堪称皇帝中的勤政典型。

雍正执政期间，西北新疆地区的准噶尔部又在蠢蠢欲动。1729 年，雍正下令对其出兵。按照清朝的惯例，军国大事必须先要由内阁和议政王大臣会议裁议，然后下旨颁行。可是军情紧急，需要快速做出决策，于是雍正设立了军机处，专门协助他处理西北军务。军机大臣只听命于雍正一人，负责传旨办事，行政效率很高，于是后来不仅西北的军务，全国大大小小的事情，雍正都改在军机处处理了。如此一来，军机处也就取代了之前的内阁、议政王大臣会议和南书房，成为大清王朝最有权力的地方。此外，雍正还把军机处与密折制度相结合，把全国军政要务全部掌握在了自己一人手中。

军机处的设立，是清代中枢机构的重大变革，标志着清代君主集权发展到了顶点。

康熙皇帝虽然开启了盛世之光，但随着经济的恢复，却也催生了腐败的温床。据史料记载，雍正帝继位时，吏治腐败、税收短缺、国库空虚，亟待整肃。

▲ 雍正帝读书像

　　继位第一年，雍正就连续下了十三道谕旨，告诫大小官员不许贪污、不许受贿、不许克扣、不许吃空额，违者严重治罪。

　　如何治罪？对那些违法乱纪者，雍正常用的惩戒方法有两个：一是"抄家"，一是"观刑"。大清官员无论大小，贪腐罪行一经核实，雍正就会彻底抄家，连他们的亲戚、子弟的家也不放过。继位当年，被革职抄家的各级官吏就达数十人，其中有很多是三品以上大员（相当于现在的副部级以上）。

▲清·郎世宁《雍正十二月令圆明园行乐图》之《正月观灯》

▲清·郎世宁《雍正十二月令圆明园行乐图》之《二月踏青》

▲清世宗像

　　历史上，雍正帝的反腐力度堪称史上之最，甚至达到了"官不聊生"的程度。雍正帝在位期间，以反腐为核心，整饬吏治，推行养廉银制度，让当时败坏的吏治风气为之一清。

　　相比于康熙和乾隆，雍正在位的时间较短，但雍正帝在"康乾盛世"和在整个清朝的历史上，发挥了举足轻重的作用。正是因为有了雍正皇帝的勤政、反腐和改革，才迅速扭转了康熙晚期积弊严重的局面，并在此基础上，清王朝在乾隆年间进入鼎盛时期，使中国传统社会的政治、经济、文化达到了最后一个高峰。在这一为期百年的"康乾盛世"中，雍正帝承先启后的作用，不可或缺。

乾隆：锦绣河山任逍遥

根据雍正皇帝的遗诏，第四子爱新觉罗·弘历继位登基，他就是历史上大名鼎鼎的乾隆皇帝。

相比于雍正皇帝的严苛求全，乾隆皇帝是一个"赋性宽缓"的人，他认为"政尚宽大"，宽比严好，但又不能宽大无边，要济之以严。因此从继位伊始，他首先对雍正时期的政策做了较大的改变和调整，以缓和一直以来的政治紧张气氛，改善各方面的关系。

乾隆皇帝相信"民为邦本，食为民天""务本足国，首重农桑"，在位期间减免税赋，减轻了农民的负担，清朝的国库日渐充实。在最为富庶的江南地区，许多人家不再辛苦种地，以织布为业就可以过上殷实的生活，从前昂贵高档的丝绸也进入了普通百姓家。而在同一时期的欧洲，来自中国的丝绸只有达官贵族和富裕的大商人才穿得起。在著名的"瓷都"景德镇，古老的制瓷技术也在这时迅速发展。窑工们精心烧制的珐琅彩瓷器，雍容华贵，绚丽多彩，深得乾隆帝的喜爱。

清朝皇帝中对文化事业的重视和功绩当以乾隆帝为最。在他统治期间，各种官修书籍达100余种，他亲自倡导并编成了中国历史上规模最大的文献丛书《四库全书》。由于乾隆帝对文化事业的热心，汉学从乾隆朝愈益兴盛，后来形成了著名的"乾嘉学派"。这一时期，

▲清·郎世宁《乾隆帝画像》

▲清·郎世宁《乾隆帝大阅图》

民间艺术也有很大发展，乾隆八十大寿时，徽班进京，国粹京剧开始形成。

乾隆一生武功繁盛，战绩赫赫，晚年曾以"十全武功"来概括自己的军事成就。所谓"十全武功"就是乾隆朝在军事上打了十场大胜仗，按照乾隆自己说的就是："十功者，平准噶尔二，定回部一，打金川为二，靖台湾为一，降缅甸、安南各一，即今二次受廓尔喀降，合为十。"乾隆因此自诩为"十全老人"，并作《御制十全记》，令写满、汉、蒙、藏四种文体，建碑勒文。"十全武功"的说法，虽有些夸张，但这十场战争，维护了国家的统一和边疆领土安全，强化了中央政权对西藏的统治，新疆在此时纳入中国版图。从这一点来说，乾隆皇帝的确功不可没。

当然，常年维持如此大规模的战争，军费的消耗也是相当惊人的，没有强大的经济实力，是不可能做到的。

乾隆的一生，与他的"十全武功"相对应的，还有"六下江南"。不过，与康熙南巡不同的是，乾隆皇帝每次南下都是浩浩荡荡，前呼后拥，沿途修行宫、搭彩棚，舳舻相接，旌旗蔽空，山珍海味，应有尽有。相比探访民情，游乐的目的大大增加，耗费了大量人力物力。

志得意满的乾隆皇帝，在中年之后骄奢之心渐生，不仅好大喜功，还大兴土木，享用无度，到处游山玩水，题字留诗。上有所好，下必甚焉，贪污腐化又开始盛行。乾隆在位后期重用和珅二十余年，致使贪污成风，政治腐败，世风日下。所谓"谦受益，满招损"，物极必反，大清王朝的衰落从乾隆后期开始了。

▲清·佚名《乾隆平定台湾战图》

去年歲
際兵警
程賞績
今孫凱
宮犯奔雄
算犯先一月
驅馳真星頓
犀立國威海嶠
楊維烈
祖張山在徐寶
明迴悟旴宵新屋
誠甘論弛至防巧就
悵悉何發愚民嬉
畫不徒勞耳屋循
驰曰文諸交本為貪
債辅方玄誠吾迴伙

从盛世到末世

公元 1799 年，乾隆帝驾崩，嘉庆帝开始亲政。他亲政后的第一件大事，就是将贪官和珅革职下狱，乾隆帝去世后十五天，嘉庆帝赐和珅在狱中自尽。和珅死后，嘉庆帝下旨查抄其全部家产，其数量多得惊人，竟相当于大清王朝十年的国家财政收入！因此民间流传有"和珅跌倒，嘉庆吃饱"的说法。

为害多年的和珅除掉了，可是，官员们的贪污腐败还是毫无收敛。嘉庆帝打出"咸与维新"的旗号，整饬内政，整肃纲纪，却未能从根本上扭转清朝政局的颓败。此时，各种社会弊端早已经积重难返，整个大清王朝已危机四伏。

这一时期，朝政废弛，国库亏空，由于年久失修，黄河水患时有发生，沿岸百姓流离失所，生活陷入困境，各地农民起义此起彼伏，大清王朝的统治力量受到严重削弱。面对日渐衰败的国家，才能平庸的嘉庆没有任何有效的办法去改变，更缺乏彻底改变的勇气。他的儿子道光帝也和他一样，守旧而且无能，面对困局，束手无策，有心无力。

历经康熙、雍正、乾隆三位皇帝的接力统治，大清王朝在政治、经济、文化、军事等各个方面都发展到了顶峰，这样的情形之下，清朝统治者开始骄傲自大起来，对外实行闭关锁国的政策，差距和落后正是由此引起的，它给清朝后来的衰亡和覆灭埋下了伏笔。

▲清宣宗像

　　清朝由盛转衰的时候，正值世界工业革命兴起的时期，清朝的"闭关锁国"政策却愈演愈烈，偌大一个国家，只开放广州一个口岸对外通商，进出口货物的种类也多有限制。不能睁眼看世界，也不愿意和外面联系沟通，因此丧失发展机遇，完全和世界发展潮流脱钩。

　　在西方工业革命进行得如火如荼的时候，清朝统治者却视科技发明为"奇技淫巧"，既不鼓励科技发明，也不学习西方先进科技，使国家的科技水平越来越落后。在西方国家相继发生资产阶级革命的情况下，清朝统治者还在不断加强皇权，帝国的政治制度也远远落后于西方。

　　世界发生了划时代巨变，清朝统治者却仍故步自封，妄自尊大，沉醉在大国迷梦里不愿意醒来。虽然，康乾时期在一些方面也取得了一些成就，但终究赶不上西方国家日新月异的发展，清帝国和西方国家实力的此消彼长终于在几十年后的鸦片战争得到体现。

战争，因鸦片而起

清王朝的统治者自以为是地做着天朝上国的迷梦，不知道他们身外的世界已经远远走在了他们前面。

相对于清王朝日趋衰落的封建专制制度，在地球的另一端，英、法、美等国的资本主义发展迅速，势头强劲。18世纪60年代起，英国率先开始了工业革命，到19世纪40年代，大机器生产逐渐代替了手工劳作。

早期的资本主义发展有一个共同特点：追求商品利益的最大化。当狭小的国内满足不了他们的需要时，必然会走向又一条道路：野蛮扩张和疯狂侵略。这是他们的本性，也是他们的必然选择。于是"人口众多，地大物博"的中国，就成了他们的目标。

在有限的对外贸易中，中国出产的茶叶、丝绸、瓷器等物品在欧洲市场大受欢迎，但英国出口的羊毛、呢绒等工业制品在中国却不受青睐。乾隆皇帝认为中国什么都不缺乏，没必要与英国进行贸易，清朝一直奉行"闭关"和"锁国"的政策，因此在正当的中英贸易中，英国商人吃了大亏，英国资本家很不满。

为了打开中国市场，英国通过外交途径强力交涉，清政府没有答应。于是，英国商人想到了一种特殊商品——鸦片。

▲魏源雕像

中国近代思想家魏源曾指出："鸦烟流毒，为中国三千年未有之祸。"随着鸦片大量的输入，中国白银大量外流，出现严重银荒，财政濒临枯竭。更加严重的是整个社会风气被严重败坏，国人的身心健康被严重摧残。烟毒泛滥，给中国人带来的是精神上和肉体上双重损害。

这种情况，引起了一些爱国人士和正直官员的高度担忧，纷纷上书道光帝，请求禁烟，林则徐就是其中一位。林则徐上书道光帝："鸦片流毒天下……是使数十年后，中原几无可以御敌之兵，且无可以充饷之银"，力主禁烟。道光皇帝深感忧虑，命林则徐为钦差大臣，前往广东查禁鸦片。

1839 年 6 月，民族英雄林则徐虎门销烟，不久，因英国士兵闹事并打死中国人，林则徐宣布永远禁止和英国的一切贸易，英国政府认为自己的利益和尊严受到了威胁和伤害。

1840 年 6 月，英、法以此为借口，悍然挑起战争，这就是第一次鸦片战争。英国还有一个虚伪的说法，叫"通商战争"。言外之意，打的是贸易战，而不是赤裸裸的侵略战。

英国侵略者的军舰从广州一路北上，兵锋直抵清朝的统治中心北京，腐败无能的清政府被迫与英国议和。

1842 年 8 月 29 日，在英军旗舰"皋华丽号"上，清政府正式签订了丧权辱国的中英《南京条约》，割地、赔款、开放通商口岸，满足了英国侵略者的大多数要求。

《南京条约》是中国近代第一个不平等条约，随后，美国和法国

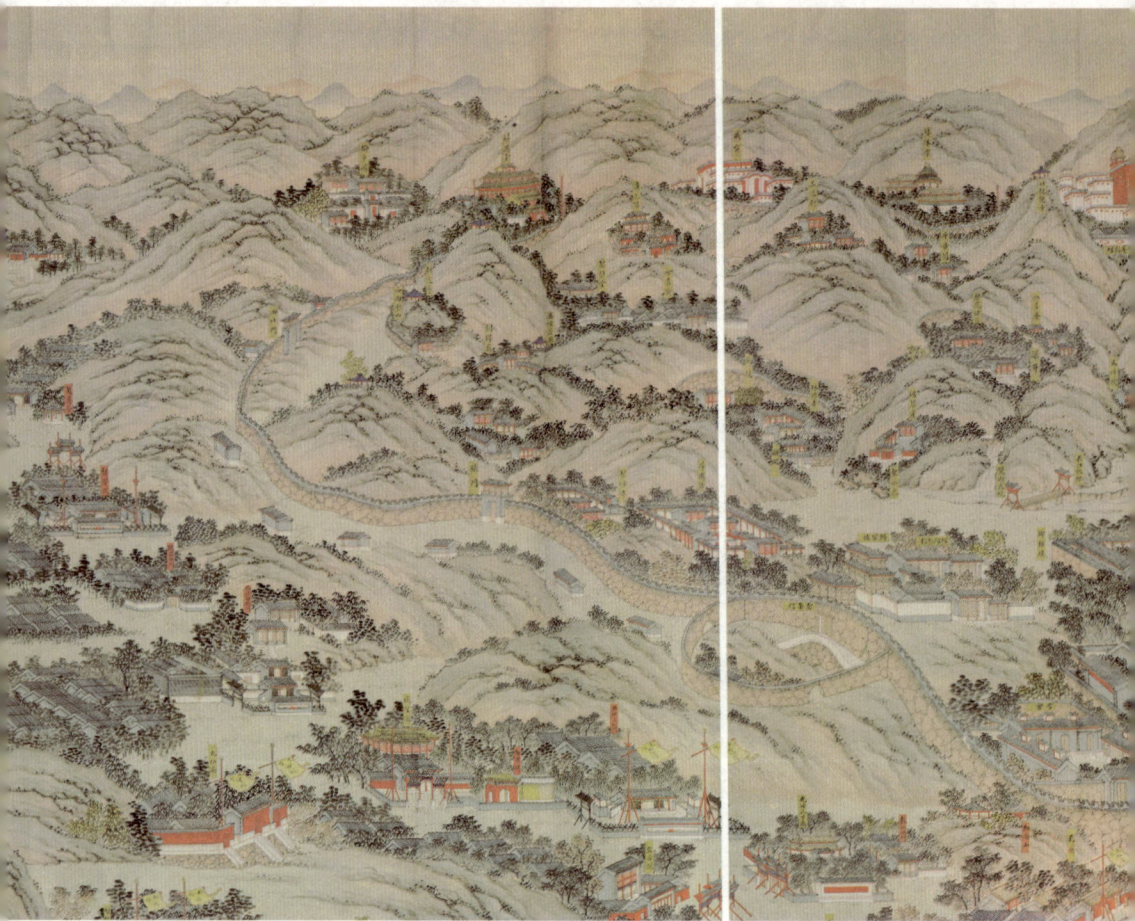

▲清·管念慈《承德热河行宫全图》

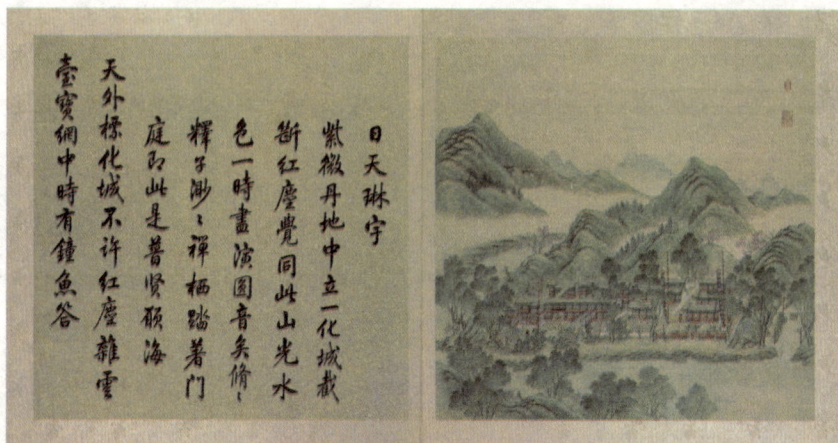

▲清·沈源等《圆明园四十景图册》之《日天琳宇》

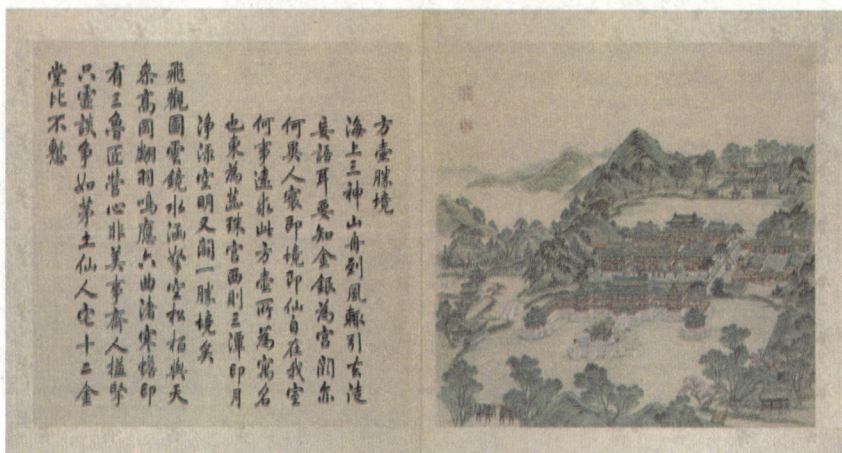

▲清·沈源等《圆明园四十景图册》之《方壶胜境》

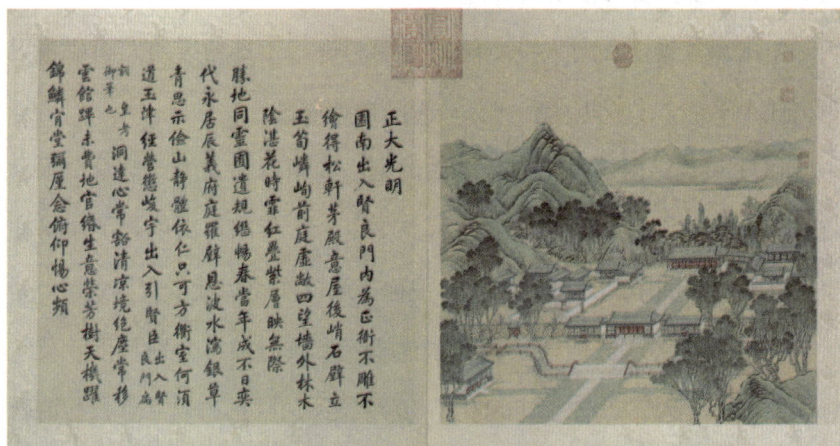

▲清·沈源等《圆明园四十景图册》之《正大光明》

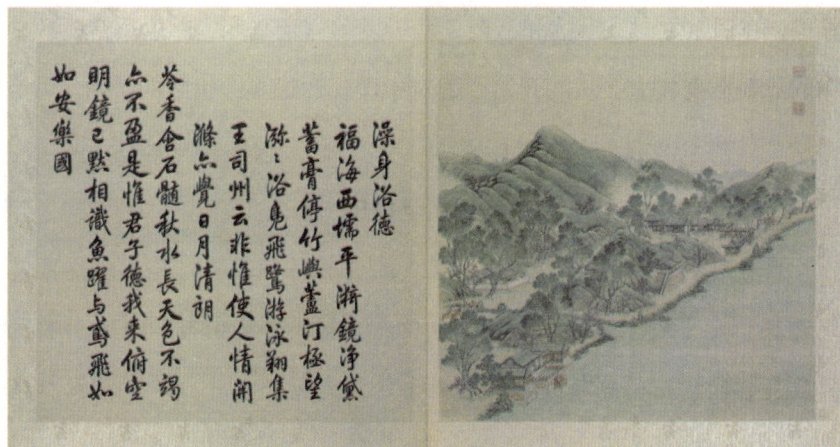

▲清·沈源等《圆明园四十景图册》之《澡身浴德》

也趁火打劫，强迫清政府分别签订中美《望厦条约》和中法《黄埔条约》，获得了更多的侵略权益。

弱国无外交。面对大英帝国的坚船利炮，昔日的天朝大国束手无策，任人宰割，主权被严重伤害，深陷亡国危机。

1851 年，国内爆发了声势浩大的太平天国运动，战火遍及全国。就在清廷疲于应付，手忙脚乱之际，1856 年，英国再次挑起了侵略战争。这是鸦片战争的延续，因此，被称为第二次鸦片战争。

1858 年，英、法两国联合进军天津，清政府被迫分别与俄、英、法、美签订《天津条约》。1860 年 10 月，英法联军占领北京，与清政府签订《北京条约》。所有条约的主题都一致：割地，赔款，丧权辱国。在此之前，9 月 22 日，咸丰帝以"北狩"为名，携皇后、懿贵妃（后来的慈禧太后）等离京逃往热河承德避暑山庄。不久，咸丰皇帝病死承德。在回京之时，慈禧和恭亲王奕䜣发动宫廷政变，慈禧垂帘听政，夺取清朝最高权力，从此开始了她对中国长达近半个世纪的统治。

承德避暑山庄

承德避暑山庄又名"承德离宫"或"热河行宫"，是清代皇帝夏天避暑和处理政务的场所，皇帝也在这里接见外国使节和边疆少数民族政教首领。清朝每年指定蒙古王公轮流到避暑山庄，陪同皇帝打猎习武，并给予赏赐。

避暑山庄始建于 1703 年，历经康熙、雍正、乾隆三朝，耗时八十九年建成。避暑山庄以朴素淡雅的山村野趣为格调，取自然山水之本色，吸收江南塞北之风光，成为中国现存占地最大的古代帝王宫苑。承德避暑山庄与颐和园、拙政园、留园并称为中国四大名园，1994 年 12 月被列入《世界遗产名录》。

"洋务派"在行动

鸦片战争的失败，主要有两大原因：首先，是清政府的腐败无能，面对外来强劲势力，束手无策，不积极抗战，只想妥协求和；其次，在于清军武器装备以及战略战术的落后，面对西方列强的坚船利炮，不堪一击，几无还手之力。

内外交困，危局已成定局，面对侵略和屈辱，清朝统治集团内部一些比较开明的官员主张利用西方先进技术，强兵富国，维护清王朝的统治，这些官员被称为"洋务派"。洋务派在中央以恭亲王奕䜣（yì xīn）为代表，地方上以曾国藩、李鸿章、左宗棠、张之洞等人为代表。

此时，已经牢牢掌控了朝政大权的慈禧太后，也暂时采取了支持洋务派的策略。慈禧太后明白，在当前的形势下，要保持清朝的统治地位，必须依靠拥有实力并得到外国侵略者赏识的洋务派。在最高当政者的支持下，洋务运动轰轰烈烈地开展起来了。从19世纪60年代到19世纪90年代，他们掀起了一场以"自强""求富"为口号的洋务运动。

在"自强"的口号下，1862年，清廷下令都司以下军官一律开始学习西洋武操，各省防军开始更换新式武器。同年，曾国藩在安庆设军械所，李鸿章在上海设上海洋炮局，中国的近代军事工业的建设由此拉开

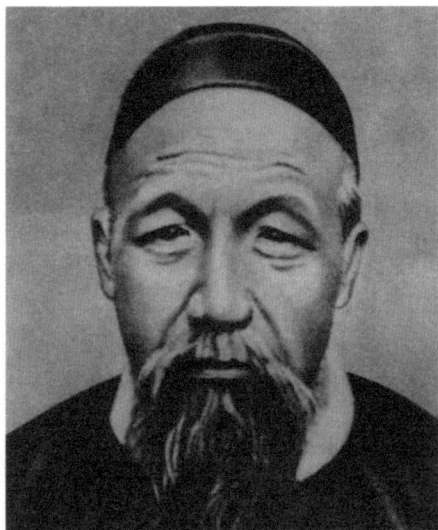

▲曾国藩像

▲李鸿章像

▲左宗棠像

▲张之洞像

序幕。1865年，江南制造总局成立；1866年，左宗棠在福建设立福建船政局；1867年，三口通商大臣崇厚在天津开办天津机器制造局；1877年，丁宝桢在成都设立四川机器局。在大力发展军事工业的同时，洋务派还提出了"求富"的口号，开办了一些近代民用工业。1872年，李鸿章在上海开办轮船招商局，在此后的十余年间，煤矿、铁厂、缫丝厂、电厂、自来水厂、织布厂、电报、铁路相继建设。

当然，这些厂矿企业的兴办，大都经历了一个非常曲折的过程。例如，电报的引进和推广，就曾受到过清政府的抵制和反对。电报是19世纪30年代在英美发展起来的一种快捷的通信方式，第二次鸦片战争之后，西方列强要在中国铺设电报线路，却遭到了视新科技为妖魔的清政府的坚决拒绝。1879年，李鸿章不顾守旧势力的强烈反对，坚持引进电报通信技术，电报随后逐步推广到全国。

在这些厂矿创建过程中，清政府财政投入严重不足，面对洋务派官员申请经费的奏折，朝廷一筹莫展。为了解决资金困难，李鸿章大胆创新，采取了官督商办的方式，吸引民间资本入股的方式。这样不仅解决了资金问题，也调动了民间兴办产业的积极性。这些民用工业的创办，打破了西方资本在中国的垄断，并为中国近代民族工业的发展打下了坚实的基础。

为了洋务运动的需要，洋务派还积极兴办新式学校，传授西方文化知识；设立翻译馆，翻译外国科技书籍。与此同时，派遣留学生出国深造。从1872年起，连续四年，清政府每年派出30名幼童赴美留学，这就是中国历史上第一批公派留学生，他们当中的不少人成了以后各

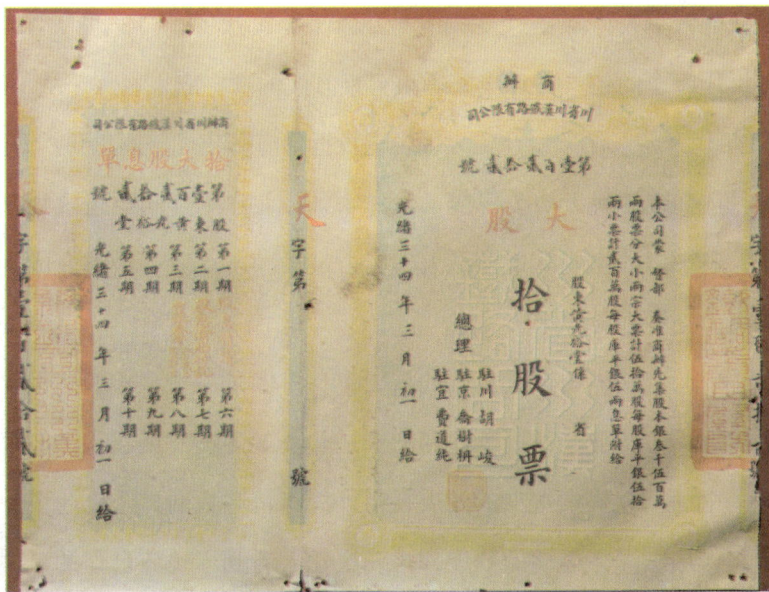

▲清川汉铁路股票

▲ 1872 年 8 月 11 日，中国第一批 30 名留美幼童在上海出发

行各业的领军人物。

近代海军的建立，是洋务运动军事方面的重要成果之一。从 19 世纪 70 年代开始，洋务派开始大规模进行近代海防建设，筹建新式海军。到 19 世纪 80 年代，初步建成了南洋水师、北洋水师和福建水师三支舰队，其中以北洋舰队规模最大，实力最强。1885 年，清政府成立海军衙门，统一协调指挥。

洋务运动是中国近代史上的重要事件。经过三十多年的建设，中国近代的军事工业、民用工业和交通运输业等逐渐发展起来，客观上促进了中国民族资本主义的发展，对外国经济势力的扩张也起了一定的抵制作用。洋务运动的开展，再一次让人看到了民族自强的希望，但由于洋务运动的根本目的是维护和巩固清政府的统治，又由于清政府内部的腐败和外国势力的排挤，它并没有使中国真正走向富强的道路。

甲午战争：一个大国和一个小国的对决

1868 年，日本通过明治维新，开始走上资本主义道路，国力日渐强盛。但日本作为一个岛国，国内本身资源匮乏，市场狭小，因此以天皇为首的日本统治集团急于对外扩张，以寻求发展出路。此时的清王朝政治腐败，人民生活困苦，军事外强中干，纪律松弛。

一个是日落西山的封建帝国，一个是日新月异的近代先进国家，在这种情况下，中国和日本不可避免地发生战争。

战争是从朝鲜开始，日本想以此为突破口，然后侵略中国，以实现其称霸亚洲，甚至征服世界的野心。

1894 年，朝鲜国内发生了起义，请求清政府出兵帮助镇压。与此同时，日本也趁机出兵朝鲜。起义平息后，日本继续增兵，蓄意挑起战争。7 月，日军进攻驻守朝鲜的中国军队，并袭击牙山口外丰岛海面上的清军运

▲邓世昌像

兵船，清政府被迫对日宣战。1894年是农历的甲午年，这场战争因此被称为"中日甲午战争"。

9月，大清北洋舰队和日本联合舰队在黄海海面展开激战。北洋舰队将士奋勇杀敌，重创日舰，致远舰在弹药将近之际，管带邓世昌下令开足马力，冲向日舰吉野号，准备与敌人同归于尽，不幸被鱼雷击中，200余名将士壮烈殉国。这次海战，北洋舰队虽损失较大，但主力尚存，李鸿章命令舰队躲进威海卫军港，不许出海迎敌，日军趁机夺取了制海权。

之后，日军从陆路进攻中国。大连守将不战而逃，日军占领旅顺后，连续进行了四天的大屠杀，杀害了2万多名中国人，犯下了令人

▲北洋水师"致远舰"官兵合影（左四站立者为邓世昌）

发指的罪行。

1895 年 2 月，日军攻陷北洋水师基地威海卫，在援兵无望的情况下，北洋水师提督丁汝昌拒绝投降，自杀殉国，北洋舰队全军覆没，中国战败。最后，清政府被迫签订了丧权辱国的中日《马关条约》，继续割地、赔款、开放通商口岸，外国侵略势力趁机深入到中国腹地。

▲丁汝昌像

甲午战争的失败，标志着历时三十余年的洋务运动破产。

弱国无外交，《马关条约》签订后，西方列强趁火打劫，在中国的土地上互相争夺利益，强租海港，划分"势力范围"，掀起了瓜分中国的狂潮。1899 年，美国又提出了"门户开放"政策，从中获得了更多的侵略权益。

从此，中国社会的半殖民地化程度进一步加深，中华民族面临空前严重的民族危机。

戊戌变法：103 天的维新救国

1895 年春，中日《马关条约》签订的消息传到国内，全国上下都在抗议这种卖国行为，有志之士对中华民族面临的危机忧心忡忡。群情激奋之中，正在北京参加会试的康有为、梁启超等人，联合各省 1300 多名参加会试的举人慷慨上书，提出拒绝签约、迁都抗战、变法图强等主张。这次上书被称为"公车上书"。

"公车上书"虽然没能上达光绪帝，却轰动京城，拉开了维新变法运动的序幕。维新人士认为，日本因变法而强大，中国如果不变法，将会因守旧而灭亡。他们在各地组织学会，创办报刊，积极宣传变法，有力推动了维新变法思想的广泛传播。康有为再次上书光绪帝，痛陈时局的危险和变法的紧迫性，呼吁变法救国。在维新派的推动下，光绪帝表示"不甘做亡国之君"，决心变法。

▲梁启超像

1898 年 6 月 11 日，清政府颁布《定国是诏》，宣布实行变法。随后，光绪帝发布了一系列变法法令，内容涉及政治、经济、军事、文化等诸多

▲清德宗像

领域。很快，变革法令从紫禁城传到了全国各地。维新派的变法举措，引起了顽固守旧势力的恐慌，为了保住自己的既得利益，他们不断向慈禧太后打报告，竭力阻挠和破坏变法的继续进行。

维新派认为，单凭引进西方先进的科学技术，已经不能挽救民族危机，当下最迫切的是要学习西方强国，进行政治制度的变革，于是提出要在清王朝实行君主立宪制，以取代传统的君主专制。

取消君主专制制度，把权力交给所谓的议会和百姓，实行君主立宪，封建帝王也就成了毫无实权的摆设。这是令慈禧太后最为担忧和恐惧的，也是她无论如何不能接受的。9月21日，慈禧太后联合守旧势力发动政变，囚禁了光绪帝，之前颁布的改革新政，除了京师大学堂和各地新式学堂被保留之外，其余的全部废除。与此同时，下令逮捕扰乱旧秩序的维新派。康有为、梁启超先后出逃，谭嗣同、刘光第、林旭，杨锐、杨深秀、康广仁六人被捕遇害，史称"戊戌六君子"。这次变法历时仅仅 103 天，因此又被称为"百日维新"。

维新变法虽然失败了，却在思想文化方面产生了广泛而持久的影响，促进了中国近代社会的思想解放。

八国联军进了北京城

19 世纪末的清王朝，除了空前的民族危机，天文数字般的巨额赔款，还带来了沉重的经济负担，这时又遭遇连年的自然灾害，老百姓的生活因此陷入水深火热之中。在内外交困中，在中国北方爆发了声势浩大的"义和团运动"。随着帝国主义侵略的加剧，他们由一开始的反清活动转变为反对帝国主义的爱国运动，旗帜鲜明地提出了"扶清灭洋"口号。

义和团最痛恨侵略中国的洋人，他们烧毁外国人在中国修建的教堂，杀掉传教士，拆毁铁路和电线，以表达对外国侵略者的愤怒。1900 年夏，义和团大举进入京津地区。

义和团的迅猛发展，引起了外国侵略者的恐慌。1900 年 6 月，英、美、俄、日、法、德、意、奥八国组织联军 2000 多人，在英国海军司令西摩尔的率领下，由天津向北京进犯，义和团英勇抗击，八国联军死伤惨重。与此同时，各国联合舰队攻占大沽炮台，扩大对中国的侵略，仓皇和恼怒之中，慈禧太后宣布向洋人开战。

8 月 14 日，八国联军攻入北京，慈禧太后携光绪帝狼狈西逃。逃跑途中，慈禧下令剿杀义和团，并无耻地请求八国联军"助剿"。在中外反动势力的联合镇压下，轰轰烈烈的义和团运动失败了。八国联

大清國慈禧皇太后

▲慈禧太后画像

军占领北京后，烧杀抢掠，无恶不作，犯下了不可饶恕的罪行。

　　清政府又一次战败了，只能屈辱地接受又一个不平等条约的签订。1901 年，清政府被迫与西方列强签订了《辛丑条约》。这是中国近代史上赔款最多、主权丧失最严重的不平等条约。

　　《辛丑条约》的签订，表明中国已完全沦为半殖民地半封建社会。

▲《辛丑条约》签约现场

辛亥革命：封建帝制的终结

面对严重的亡国危机，为了维护自己的统治地位，清王朝不得不作出妥协和让步，决定学习借鉴西方强国先进的政治制度。1901年，清政府宣布实行"新政"。1905年9月，延续了千年的科举制度被废除。1905年10月，清政府派五位大臣出国考察宪政。1906年9月1日，清政府宣布"预备立宪"。

1908年，光绪皇帝和慈禧太后先后去世，刚继位的宣统皇帝仅三岁，朝政由他父亲载沣主持。一番筹划之后，1911年，载沣公布了内阁成员名单，十三名成员中皇族就占了五人，这样的改革，和过去实际上并没有什么区别。

▲爱新觉罗·载沣像

就在清政府玩弄皇族内阁骗局的时候，中国近代民主革命的先行者孙中山，为推翻清政府的腐朽统治，开始了不屈不挠的斗争。

1905年，孙中山成立中国同盟会，并在不久后明确提出了"民族""民权""民生"的"三民主义"，作为领导革命的指导思想，决定以革命的手段推翻清朝的腐败统治，建立资产阶级共和国。此后，孙中山联合各地的革命党人，发动了一系列武装起义。由于实力悬殊，在清政府的镇压下，起义基本上都失败了，但却极大地鼓舞了全国人民的斗志。

　　1911年，在同盟会的推动下，湖北的革命团体再次谋划起义，起义的主要力量为倾向革命的武汉新军。10月10日晚，武昌城内新军工程营内的革命党人首先起义，一夜之间，革命在武汉三镇取得胜利。10月11日，起义军成立湖北军政府，推举新军将领黎元洪为都督。武昌起义胜利后，各省纷纷响应，到11月下旬，全国一半以上的省份宣布独立，支持革命，清政府的统治临近土崩瓦解。1911年是农历辛亥年，历史上称这次革命为"辛亥革命"。

　　辛亥革命胜利后，革命形势的发展要求有一个统一的中央政府，1911年12月，南京临时中央政府成立，选举孙中山为临时大总统。1912年1月1日，孙中山在南京宣誓就职，宣告中华民国临时政府成立。1912年2月12日，宣统帝溥仪下诏退位，清朝268年的统治宣告结束，在中国延续了两千多年的君主专制制度从此终结。

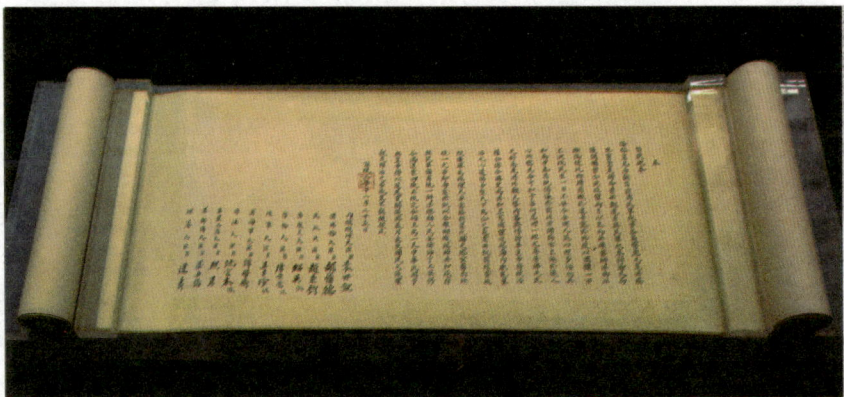

▲宣统皇帝退位诏书

HISTORY

历史人物

郑和——大航海时代的和平使者

郑和，云南人，虽然是一位宦官，却半生都漂在海上，毕生最大的成就是率领明王朝的大型船队七次扬帆出海，途经南海和印度洋沿岸 30 多个国家，行程 10 万余里，历时将近 30 年。

下西洋的背景

郑和生于云南，后来在明军平定云南之战中被俘虏到南京，大致在 12 岁时入宫服役，后成为燕王朱棣侍从。朱棣称帝以后，郑和被任命为正四品的内官监太监，执掌宫内后勤总务要职。在明朝，所有内廷宦官们被编组为十二监、四司、八局，号称"二十四衙门"，二十四衙门中以十二监地位较高，而十二监当时以负责管理宫人的内官监地位最重。"太监"在当时是每个监的主管的称号，而郑和这个内官监太监在当时整个内廷的太监中地位是极高的。

在郑和生活的年代，中国东南沿海的局势是很不平静的。这一带不但潜藏了许多残存的反明势力，比如元朝的残余势力和朱元璋的老对头方国珍、张士诚的余党，还有不服明朝统治的本地豪强武装，此外，东南的安南也在积极寻求扩张。这些人不但不遵守明朝的通海禁

▲明·郑和画像

令，还勾结其他国家的势力控制海上通道，劫掠明朝官方的出洋船只。这样一来，明朝官方与东南亚许多国家的联络和交往都被阻断。

朱棣登基后，想在朝野树立自己光辉的形象，因此除了在北方对残元势力进攻，也决心解决东南地区的不安定局势，顺便让明朝的影响力波及南海、印度洋和更远的地方，于是下令建造远洋航队并派遣使节打通南海往西的海上通道。由于采买皇家所需的珍宝、香料和珍奇异物等事宜在内官监的职责范围内，加上朱棣对郑和的器重，所以郑和在永乐三年（1405）奉命出使海外。从这一次开始，郑和在成祖、仁宗、宣宗三朝一共七次奉使出海。由于明代将南海以西的海洋和沿海地区称之为西洋，所以史称"郑和下西洋"。

七次下西洋

七次下西洋里，规模最大的四次都发生在永乐年间。郑和率领的远洋船队规模极其庞大：从人数上说，一支船队至少需要27000名水手才能操纵；从航船的规模来说，这些由南京龙江船坞建造的远洋航船，最大的一艘长135米，宽56米。这些航船上满载着各种上等丝绸、刺绣、瓷器等中国特色的奢侈品，却不是拿去贸易，而是用来馈赠的。

郑和的第一次远航发生在公元1405年，他率领船队沿着南海一直到了印度西南岸的重要商港古里。在返航途中，郑和还顺便打败了在满剌加海峡盘踞已久的华人海盗陈祖义，这既为之后中国船队安全通过这一带提供了保障，也使周边的国家对明王朝的强大留下了深刻的印象。由于船队途经的许多国家的使节都随返航船队前往南京，向永乐帝献上本地的特色产物，使朱棣的虚荣心得到了极大的满足，所以他继续拨款去支持这项事业，在公元1407年、1409年、1413年又三次派郑和率船队出海。永乐年间最后两次下西洋发生在公元1417年和公元1421年，主要是为了把跟随船队前来朝贡的外国使臣护送回国。公元1433年，雄心勃勃的朱瞻基为了重振国威，又派当时已60多岁的郑和再一次率领船队出使西洋。这是郑和最后一次率领大明船队出海，有记载称年迈的郑和最终死在了印度西海岸古里（今印度卡利卡特）。

业务过硬的郑和

回顾郑和七次下西洋的活动，可以发现这位内官监太监同时也是一名出色的外交官。郑和带领的远洋船队之所以能够为明王朝带来荣耀，除了船队本身雄厚的实力外，还仰仗着郑和出色的外交能力。

据史书记载，郑和来到南洋后，凭借强大的武力威慑，抑止强暴，扶助弱小。当威慑不足以使敌人退却时，他往往能够采取强硬果毅的军事手段。除去前文提到的海盗陈祖义，郑和在第二次下西洋走到锡兰国时，还撞上锡兰国王派兵劫掠自己的船队。当时郑和果断采取围魏救赵的办法，趁锡兰国内空虚，亲自率兵攻破都城，平定乱局。

除去在航海途中处理各种复杂事务外，郑和还通过调和各国各地区间的宗教信仰矛盾来缓和各国之间的紧张关系。

烧钱背后的历史意义

如果只从表面上看，郑和下西洋的活动是劳民伤财的事情，但从历史的角度来看，郑和率领船队七下西洋的历史意义是非常大的。

首先，郑和七次下西洋，行程10万余里，历时将近30年，开辟的亚非洲际航线，比哥伦布发现美洲和达·伽马通航印度要早半个多世纪，为西方人的大航海铺平了亚非航路。如达·伽马抵达东非海岸时，就是在阿拉伯人的帮助下，沿着郑和船队开辟的航线才抵达印度。

此外，在航海途中，郑和等人不断绘制完善的《郑和航海图》，是我国最早的一份远洋航海图，它详细记录了沿线的航向、方位、航程、停泊地点、暗礁浅滩、港口等信息，为后人航行西洋提供了重要依据。尽管郑和没有完成地理大发现的历史使命，但他的远航促进了亚、非两大洲之间各个沿海国家和地区的联系和交流，为世界文明的发展作出了重大的贡献。

其次，郑和下西洋采取的是和平手段，与西方航海家的殖民活动有着天壤之别。15世纪，阻隔东西交通通道的奥斯曼土耳其帝国崛起，此时完成了政治统一和中央集权化的葡萄牙和西班牙，开始致力于开辟到东方的新航路，寻找前往《马可·波罗游记》中描述的充满黄金和香料的东方的新道路。公元1486年、公元1497年葡萄牙国王先后派迪亚士和达·伽马率船远航，寻找一条通往印度的新航路。这条航路的通航，成为葡萄牙和欧洲其他国家在亚洲从事殖民活动的开端；大约同一时期，哥伦布在西班牙国王的资助下四次横渡大西洋，寻找通往东方的新航道，意外发现美洲大陆，然后给美洲原住民带来野蛮和残酷的大掠杀。作为这些殖民活动先驱航海家的前辈，郑和七次和平友好的下西洋活动显然更加光辉荣耀。

最后，郑和下西洋不但扩大了明王朝的朝贡体系，而且向其他国家展示了明朝鼎盛时期的国力和财富，将明王朝的影响力最大限度地扩大到了海外，促进了东西方文化交流，促进了世界文明的进步。

▶明·佚名《明人画麒麟沈度颂》。明永乐十三年（1415）榜葛剌国（今孟加拉国）向明朝进贡一头长颈鹿，百官以为这是『麒麟送瑞』，明成祖命翰林学士沈度作《瑞应麒麟颂》，又命画师画像。此时是郑和第四次下西洋归来的所得

于谦——扶大厦于将倾的功臣

南宋末年，出现了"人生自古谁无死，留取丹心照汗青"的民族英雄文天祥；100多年后，明代也出了一位"粉骨碎身浑不怕，要留清白在人间"的民族英雄于谦。

巡抚晋、豫，广受爱戴

据史书记载，于谦长得非常帅气，而且口齿伶俐，声音洪亮。宣德元年（1426），朱高煦在山东起兵造反，但很快被朱瞻基镇压。朱高煦战败投降时，由于谦负责历数他的罪行，大概是因为声音洪亮又兼一身正气，使朱高煦浑身战栗，磕头大喊："臣罪万死！"明宣宗对于谦更加满意。加上内阁的"三杨"也很看重于谦，所以于谦仕途非常顺坦。

于谦在巡抚任上尽心尽责，一方面推行平粜（tiào）条例、义仓、平准仓、惠民药局等举措，切实地解决民生问题；另一方面又积极收回地方乡绅和军队侵占的官府空闲土地，招募士兵和没有土地的农民来耕种，以供给军队给养和税粮，在增加边防经费的同时，竭力减轻百姓负担。因此，于谦担任晋、豫两省巡抚期间，深受人民的爱戴。

▲清·廖鸿章《历代帝王巡行图卷》之《明宣宗图赞第十二》

正统七年（1442），张太后病逝，"三杨"也相继离退，于是宦官王振逐渐掌权。朝中官员趋炎附势，大多挤上王振的墙头，可于谦每次入京，既不去拜见王振，也不去送礼。当有人问起他这次进京有没有带点什么礼物时，于谦举起两只衣袖大笑道："带了带了，带了两袖清风！"于谦的行为被传为佳话，但同时也遭到王振等人的忌恨。

"土木之变"力挽狂澜

正统十三年（1448），瓦剌频繁侵扰边境，北方边防吃紧，于是于谦被调回京城担任兵部左侍郎。第二年，明英宗在王振的撺掇下率领 50 万大军亲征瓦剌，结果在半路掉头返回时在土木堡被瓦剌军队俘虏。土木堡战败的消息传到北京后，朝廷经过短暂的混乱，就迅速在于谦等人的主持下准备京城保卫战。正统十四年（1449）的十月，明军与瓦剌在北京展开攻守战，激战五昼夜之久，瓦剌军队屡战屡败，死伤不断，而瓦剌内部又因为分赃不均而导致矛盾激化，于是瓦剌在明朝更多援军来临之前撤回塞外。等到第二年，明英宗之弟朱祁钰已经逐渐习惯了自己的新头衔，年号也已经从正统改成了景泰。这时，瓦剌却派使者前来议和，表示愿意把俘虏的明英宗归还明朝。朝廷的议论一时炸了，大臣们纷纷要求明景帝派使臣把明英宗接回来，朱祁钰十分尴尬。于谦深知朱祁钰是担忧朱祁镇回来以后要让位，于是在这时出来安定大局，称皇位已经定了，不会再有变动，朱祁钰这才放下心来。

打退瓦剌、迎回英宗，安抚好明景帝后，于谦没有掉以轻心。他深知与瓦剌达成的和议不足以保证明朝太平，一旦边境出现可乘之机，瓦剌就会立刻卷土重来。因此他开始改革军制，加强边防，一面整肃军纪，改革军功制度；一面增加军马，采用新式火器，修缮北部城堡关隘。此外，于谦还针对明军兵不识将、将不识兵和各部各自为属的弊端对明军主力京营搞了一次大改革。他从京营中择优选出 15 万人，编成十营操练，称作团营；每营按 50 人分为一队，设一管队，2 队设一领队官，10 队设一指挥，20 队设一把总，100 队设一都指挥，最上一级为都督，总管全营 300 队人员；团营受兵部尚书于谦节制，且自于谦以下的各级军官都必须熟悉自己所统辖的士兵和卫所番号，必须亲自到校场操练阵法武器；当发生战事需要京营出兵时，各部队由各自将领亲自率领出战，不另派旁人统领。这样一来，明军的军饷大幅减少，战斗力也大幅度提高。经过于谦几年的整顿，明朝北部边境平静许多。

留得清白在人间

尽管于谦为官清廉正直，专业素养十分过硬，并且为维护明王朝的统治作出了很多贡献，但他还是逃不过政敌的迫害。一开始，于谦因清廉而得罪了很多人，所以遭到这些人的诋毁。土木之变打赢京城保卫战后，更有很多人出于嫉恨，向皇帝诋毁抹黑于谦。朱祁钰最初非常信赖于谦，并未听信这些人的谗言，但后来为了立储，和于谦有了嫌隙。当时，朱祁钰希望能将帝位传给自己的儿子朱见济，群臣见风使舵，帮助他以合法程序废掉了明英宗的儿子朱见深。于谦坚决反对这一决定，他的态度引起了朱祁钰的不满，于是两人逐渐疏远。景泰八年（1457），石亨、徐有贞等人发动夺门之变，使明英宗复辟，于是于谦等拥立朱祁钰的大臣被牵连入狱。明英宗念及于谦在京城保卫战和战后迎回自己时作出的贡献，本不打算置于谦于死地，但由于"夺门功臣"徐有贞曾因土木之变后倡议大家南下跑路而受到于谦的痛斥，一直怀恨在心，另一"功臣"石亨也被于谦处罚过，于是这些一直对于谦不满的大臣、太监们联合在一起，强行把于谦判了极刑。

尽管于谦最后受迫害而死，但人们对于谦的敬爱之心并未因于谦身死而泯灭。此后西北再次受到侵扰时，有人曾对明英宗发出类似于"但使于谦身犹在，不叫胡马度阴山"的感叹，明英宗无言以对。成化年间，明宪宗亲自为于谦昭雪，将于谦故宅改为"忠节祠"；弘治时，明孝宗又对于谦进行追封、追谥。

王守仁——思想家和军事家

宋代有二程(程颢、程颐)开创、朱熹发扬的理学，影响力非常大，流传400多年，到明代仍是显学。不过，自明中期以后，理学就遇到了一个劲敌，那就是心学。"心学"的开山鼻祖是南宋的陆九渊，经过明朝王守仁（1472—1529）的发展逐渐扩大影响，成为能与程朱理学分庭抗礼甚至取代程朱理学的显学。

龙场悟道

王守仁是浙江余姚人，因为曾经在贵州阳明洞隐居讲学，所以又称王阳明。在37岁"龙场悟道"之前，他曾学习宋代大儒朱熹的"格物穷理"之学。

王守仁33岁的时候，明武宗朱厚照继位。在正德皇帝的纵容下，宦官刘瑾等人操柄弄权，朝廷21名官员联名上疏，要求皇帝惩办刘瑾等人，结果上疏的官员反被下诏狱。王守仁为这些人求情，遭到刘瑾迁怒，贬谪到贵州龙场（今修文）去当驿丞。龙场地处贵州西北部的山区，自然条件十分艰苦。王守仁最开始到驿站时，甚至没有栖身的房子，只能在洞穴里居住，加上他原本是六品的主事，结果被贬为没

王陽明先生眞像

趨揖古初孔回性延禮承冑人
生而靜喜愚泰生是曰本性囿分
本虛與物相印貿雜肛珠是非斯
究祭性學平秋定論良却之說
盍氏所崇存理遵欲承資爲中洗
心胧案愚與民同任情有賚育戚
蓬通理燕虛明庸燕大公却行合
一性遵事珂
　　　　　焦秉貞

▲清·焦秉贞《王阳明先生像》

有品级的驿丞，心情自然十分苦闷。不过王守仁并未因此消沉，他在完成自己的分内之事之余，专注于修心忍性，努力追求"圣人之道"。他谪居龙场两年，终于在一天夜里体验到了"格物致知"的道理，认识到："理"存在于人自己的心里，心外无物，因此不需要向外部事物去追索，而"格物穷理"的办法自然是错误的。这对于朱熹所主张的客观唯心论的理学来说，无疑是一种彻底的颠覆。除了"理"在心中，心外无物，王守仁还提出了"知行合一"的观点，认为认识是实践的起点，又是实践的归宿。此后，王守仁通过创办书院、广收弟子进行讲学，逐渐形成了"阳明学派"，并将自己讲学的记录刊刻成《传习录》，扩大了影响力。

平定宁王之乱

如果因为王守仁在哲学思想上的贡献而把他单纯地视为一个思想家，那就有些单薄了。除去"龙场悟道"为中国古代哲学思想作出的贡献外，王守仁的军事成就也很高。

王守仁自小就对兵法感兴趣，少年随父亲入京以后，目睹了北方少数民族对明朝统治造成的威胁，很有几分经略四方的志向，曾几次打算上书献策，但都被父亲阻止。28岁考中进士以后，他到工部观政实习，终于有机会向皇帝进言，于是针对边防向朝廷上疏《边务八事》，随后相继被授予刑部和兵部主事的职位。虽然因为刘瑾的迫害，他在龙场困守二年，但当刘瑾在正德五年（1510）被杀后，他又被朝廷重

▲
明·王守仁《山水画》

▲明武宗朱厚照坐像

新起用。王守仁毕生最大的军事成就应当是平定宁王朱宸濠之乱。

朝廷和宁王之间的矛盾是在"靖难之役"的时候结下的。当初，朱棣要起兵的时候，曾胁迫宁王结盟，并给宁王承诺说事成以后平分天下，结果朱棣做了皇帝以后却进行削藩，最后不情愿地把宁王封到了江西南昌。因此，宁王一家对朝廷"早蓄异志"。正德十四年（1519），朱宸濠袭封宁王以后，谋反的心思更加活络，不但大量吞并田产，而且通过贿赂权宦，恢复了王府的护卫，暗中网罗了一大批亡命之徒，准备起兵。此事被人告发后，朝廷派人到南昌收缴护卫，勒令还田，于是朱宸濠顺势造反。

江西是王守仁负责的地界，因此正在外地清剿盗匪的王守仁闻讯赶紧从福建赶回吉安，一面向北京报告情况，一面和本地将官商议对策，调动军队、筹备钱粮，号召各地起兵勤王。宁王的这场叛乱，仅持续了43天就被王守仁平息了。

王守仁是明代文臣中少见的具有军事才能的人，为维护明朝统治作出巨大贡献。他在学术上集历代主观唯心论之大成而创造的"心学"，是宋明以来第一次对朱熹的公开质疑，有助于打破程朱理学的教条，活跃人们思想。他"知行合一"的观点，对明代后期和清代的思想界也具有启迪的作用。他的学说后来还被传播到日本、朝鲜等国家，产生了巨大影响。

海瑞——一个敢正面"刚"皇帝的男人

海瑞（1514—1587），字汝贤，号刚峰，广东琼州琼山（今属海南）人。海瑞从小树立了很坚定的信念，认为人生在世，应当学习圣贤，求真务实，既不能为富贵动心，也不能因贫贱折腰。

刚上级遭忌恨

在海瑞进入户部，得到正面刚皇帝的机会之前，他主要是在福建和浙江两地的基层工作。

自从 36 岁考中举人之后，海瑞连续参加了两次会试，都没能中进士。他并不是一个一味追求功名的人，所以决定放弃科考，改去吏部应征面试，并被选派去福建延平府的南平县当教谕。

海瑞在南平任上主要政绩是整顿士风，其中最具代表性的是"笔架博士"事件。当时延平府的督学官来视察，县学的训导们见了领导都行跪拜礼，但海瑞一个人却在中间站得笔直。海瑞认为，学校不是官场，是育人的地方，师长应当受到尊敬，因此他拒绝跪拜，只对督学官作揖。由于他站在中间，两侧的人跪在地上，两边低、中间高，形似笔架，所以被人称为"笔架博士"。此后，海瑞因为声名在外、

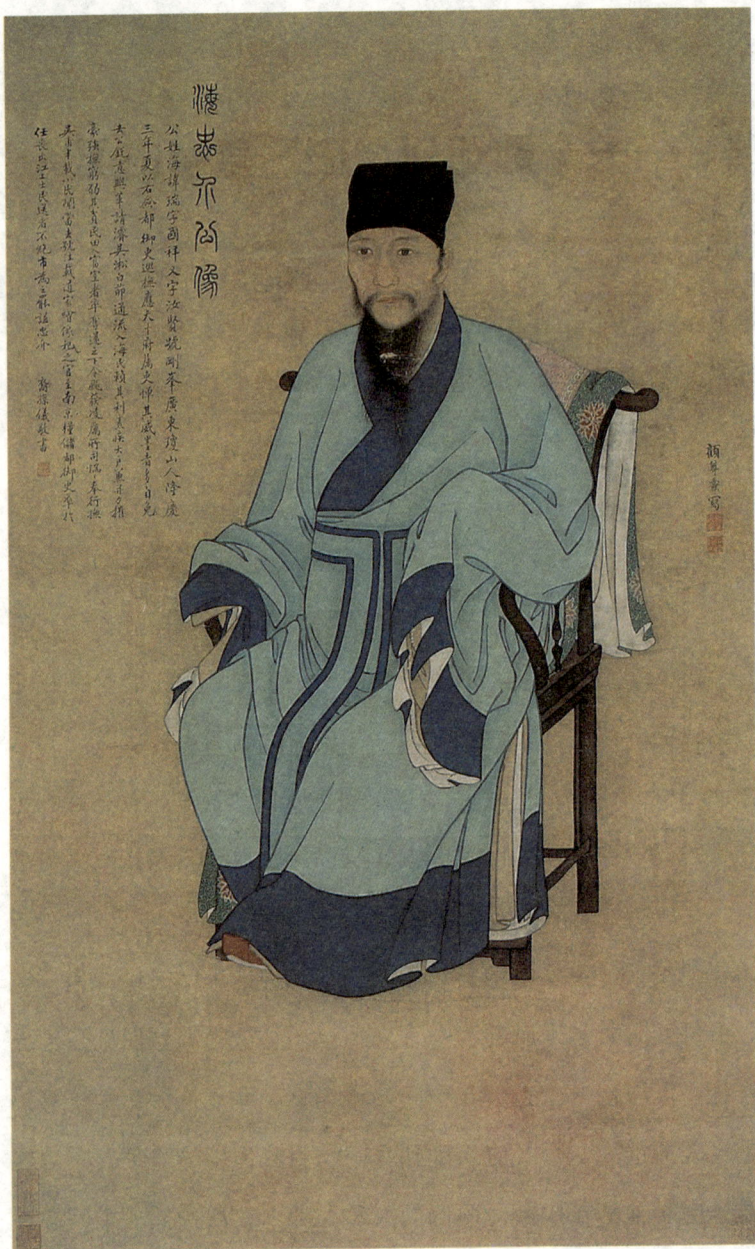

▲海瑞像

能力出众，又被改派到浙江严州府的淳安县当知县。

淳安当时是个贫穷落后县，不但土地贫瘠，而且绝大多数土地掌握在当地的大地主手里，他们用各种手段偷税漏税，所以百姓经常食不果腹，而且还担负着很重的赋役，过得很苦。海瑞到任后，专门针对土地兼并、赋役不均的问题，制定了《兴革条例》三十六项，不但认真清丈土地，按照每户人家实际拥有的田亩数制定应收税额，做到赋役公平。同时，海瑞大力整顿吏治，严查贪污腐败行为，并取消一切不必要的赋税和徭役，成效非常显著。

海瑞担任淳安知县期间，浙江巡抚胡宗宪的儿子路过淳安，胡公子觉得淳安的驿站怠慢了自己，没有给他足够的面子，就把驿站的官员吊起来打了一顿。海瑞得知以后，立刻把胡公子关起来，不但没收了他身上的银子，还赶在胡宗宪要人之前递去一份报告，说胡宗宪的儿子一定像他爹一样是个清廉正直的人，现在有个骗子打着胡宗宪的旗号来淳安县作威作福，肯定是假冒的，所以把他关起来了。胡宗宪被扣了这么大一个帽子，只好任由海瑞发落儿子。除了胡宗宪外，海瑞还刚过当时权力最大的严嵩。因为海瑞不但疾恶如仇、不畏强权，而且清正廉洁，所以淳安百姓非常爱戴他。

刚皇帝下诏狱

公元 1565 年，嘉靖皇帝心心念念的万寿宫、永寿宫、朝天观和玄都观终于都要竣工了，本人自然十分开心，但百官、工匠和百姓却无法感同身受，因为他们中有的被拖欠了大半年的工资，家里快揭不开锅了，有的则已经被饿死。

原本这一年的五月抄严嵩一党几个大贪官的家时，朝野上下还是一片喜气洋洋，觉得多少都能分一杯羹，可以缓解财政上的燃眉之急。可谁想到工部把抄家得来的钱一大半都拿去修了两宫、两观，连北御鞑靼、南抗倭寇都没有经费，其他的事项更是落了空；到七月以后，两京一十三省又有一多半遭了灾，导致秋收颗粒无收，漕银、漕粮不能按数上缴，国库更加吃紧。嘉靖皇帝又不顾天下人的感受，要求百官为他乔迁新居上贺表，于是看不惯皇帝很久的海瑞终于爆发了。

下定决心的海瑞把自己的妻子和母亲送往外地，向好友托付了后事，又给自己买好一副棺材，就借着嘉靖让所有人上贺表的机会，给嘉靖上了一道《治安疏》。在这道奏疏中，海瑞痛斥嘉靖沉迷修仙，不但荒废朝政，还把老百姓的民脂民膏都浪费在自己个人的享受上，严重违背君主的职业道德，必须立即改正错误。

嘉靖收到这份奏疏之后自然是火冒三丈，但他爱面子，又喜欢立人设，怕自己当下处置海瑞，显得气量太小，不能容人，所以没有立刻处死海瑞。索性就让海瑞蹲在狱里，既不处死他，也不放他出来。第二年的冬天，嘉靖病逝，在监狱蹲了近一年的海瑞才借着大赦天下的机会被放了出来，并得到了当权者的重用。

刚豪强被排挤

海瑞在此后几年经历了短暂的官运亨通，担任了都察院右佥都御史，巡抚应天十府。

应天十府在当时是明王朝的经济中心，也是遍地豪强、难以管理的地区。虽然海瑞手中掌握的权力越来越大，他却没有因贪恋权位，为保自己的前途而怕得罪别人。海瑞在任上继续保持他刚直的作风，同情贫弱，不畏强权，将豪强手中的土地退还给百姓，平均赋役。这样的举动，自然得罪了很多江南官绅，遭到他们的排挤和攻讦。

公元 1570 年，海瑞在与政敌高拱和其他江南利益集团的斗争中落败，被迫辞职回到海南老家。万历皇帝继位后，又因为受到张居正的排挤，没有得到重用。一直到张居正死后，他才以 72 岁高龄恢复南京都察院右佥都御史的职位。

海瑞大器晚成，年过 40 岁才得到一官半职，但他并不因为自己的境遇而放弃自己的理想和信念。无论他身处基层，还是在中央任职，都刚正得像一座山峰矗立在朝廷中，始终如一地履行自己所坚信的道义。

戚继光——但愿海波平的抗倭将领

戚继光（1528—1588），字元敬，山东登州（今蓬莱）人。戚家祖上是开国功臣，曾跟着朱元璋征战南北，立下汗马功劳，因此得以世袭登州卫指挥佥事的职位。父亲去世后，戚继光承袭了四品的登州卫指挥佥事职位，开启了他长达45年的戎马生涯。

从山东到东南

在戚继光生活的明朝中叶，倭患已成朝廷的心腹大患，不只东南沿海，当时的山东半岛沿岸也经常遭到倭寇的侵扰。在27岁之前，戚继光除在庚戌之变后戍守蓟门三年外，一直都在山东负责管理登州卫的屯田事务。登州地处山东半岛最东端，属于当地海防的一线。在戚继光正式步入行伍的前十年，倭寇对山东沿海的侵扰给他留下了切肤之痛，使他写下"封侯非我意，但愿海波平"的诗句。

公元1556年，是戚继光来到浙江的第二年，戚继光在东南抗倭期间的重要伙伴胡宗宪从原来的浙江巡抚升任为总督，执掌浙江、南直隶和福建等处的军务，有权调遣江南、江北、浙江等省重兵。由于戚继光曾多次为抵御倭寇入侵东南而向上级献计献策，得到了胡宗宪的认可和赏识，所以不久之后，他就在胡宗宪的推荐下，升任宁绍台参将，投身对抗倭寇的实战。

戚继光担任参将后不久，便遭遇800多倭寇从龙山（今镇海）登陆，进犯慈溪。明廷赶紧派出戚继光、卢镗、俞大猷等将领率领数千官兵前往龙山抗击倭寇。最终，明军在戚继光等人的指挥下，将倭寇赶回海里。

练兵计划

龙山之战虽然告捷，但在不久后的雁门岭之战中，戚继光体验了被溃逃的部队远远甩在脑后的遭遇。此后，戚继光决心开展大练兵，提高浙江军队的军事素养，革除军纪松懈、临战怯阵的毛病。在戚继光的要求下，胡宗宪虽然不相信戚继光的练兵计划能够奏效，但是还是给他拨了3000名士兵。他们经过各种严酷的训练，终于成长为一支很有战斗力的军队。在此后几次防守台州的战斗中，戚继光多次率领这支军队获得小规模的胜利。这种鼓舞人心的局面一直持续到岑港之战前。

岑港位于舟山本岛，地势较高，易守难攻。当时在这个地方盘踞了1000多名倭寇，引起百姓的恐慌，于是胡宗宪派出一支近万人的明军前往当地剿倭。然而，十倍之众的明军围着缺兵少粮的倭寇打了半年也没打下来，连戚继光手下那支威风无限的新军也败退逃窜，于是引起了朝廷的不满。岑港虽然被戚继光、俞大猷等人最终拿下，但戚继光也意识到自己所练的新军存在的根本问题。在从舟山回到倭患最烈的台州后，戚继光重新审视自己的练兵计划。

台州大捷

原来训练的 3000 名士兵，虽然战斗力也不弱，但因为选兵环节没有经过戚继光的亲自把关，导致存在不少投机取巧的市井油滑之徒。他们的英勇只会在有足够胜算时表现出来，一旦遇到更强的敌人，仍然会临阵脱逃。戚继光认识到，只有吸收不投机取巧、不怕死的老实人当兵，使他们通过严格的训练，才能练出一支真正高素质、高战斗力的军队。在此后的练兵计划中，戚继光制定了非常严苛的入选标准，具体包括年龄、履历、体格、品格、性格和思想觉悟等多个方面，以此标准在义乌募集了 4000 多名新兵。戚继光结合东南沿海的地形和倭寇的作战方式，创造了机动性极强的"鸳鸯阵"，配合鸟铳手、弓弩手、火箭手，组成了战斗力很强的戚家军。

戚家军练成之后不久，就迎来了一场硬仗。嘉靖四十年（1561）四月，倭寇卷土重来，率五百艘船，集结 2 万之众进犯浙江。著名的台州大战就此拉开序幕。戚继光率领他的戚家军在台州附近的新河、花街、上峰岭等地正面抗击倭寇，以少胜多，九战九捷，以极低的战斗损失，在一个月内斩杀倭寇千余人，解救 5000 多名被掳百姓。至此，浙江的倭寇基本被肃清。

倭寇因忌惮戚继光而不敢进犯浙江后，转而侵扰福建、广东等地，所以在荡平浙江倭患后，戚继光又率军驰援福建、广东。戚家军转战千里，与俞大猷军相互配合，经过数年的艰苦战斗，终于平息了东南沿海的倭患。

戍守北境

东南平定之后，明朝北部边疆的防务问题更加突出。隆庆年间，明穆宗将戚继光调到蓟州（今属天津），负责蓟州、昌平、保定、辽东四镇的练兵事务。他在山海关到镇边（今北京昌平）的长城防御线上修筑了 1000 多座空心台，大大增强了长城的防御能力。明军在北部边防的战斗力为内阁"封贡俺答"政策的成功提供了有力的军事支持，使得明朝北部边疆在此后数十年内都维持了相对稳定的局势。

万历十五年十二月初八（1588 年 1 月 5 日），60 岁的戚继光去世。他身经百战，善于谋略，懂得练兵用兵之道，为明朝东南和北部边疆的安定作出了不可磨灭的贡献。

民族英雄郑成功

郑成功（1624—1662），福建南安人，明末清初军事家，南明皇帝赐姓朱，赐名成功，世称"国姓爷""朱成功"。郑成功最大的历史贡献是收复了台湾，成为杰出的民族英雄。

起兵抗清

郑成功少年时便心怀大志，文武双全，22 岁任南明隆武帝御营中军都督。1646 年，清军攻克福建，郑成功的父亲郑芝龙认为明朝气数已尽，不顾郑成功的反对，只身北上向清廷投降。清军在这时掠劫郑家，郑成功的母亲为免受辱于清兵，切腹自尽。国仇家恨之下，1647 年 1 月，郑成功在烈屿（小金门）起兵抗清。1649 年，郑成功改奉南明永历年号，永历帝封他为延平郡王。

1651 年到 1652 年间，郑成功先后在福建取得三次重大胜利，歼灭驻闽清军主力，后挥师北取浙江舟山，南破广东揭阳。1655 年，清军 3 万入闽，会同驻闽清军，进攻郑成功的军队。郑成功利用清军不善水战的弱点，诱其出海作战，次年四月将其水师歼灭于厦门围头海域。

1658 年，郑成功统率水陆军 17 万北伐，入长江、克镇江、围南京，后因中清军缓兵之计，损兵折将，败退厦门。

赶走侵略者

台湾自古以来就是中国的领土，但在 1624 年被荷兰侵占了，台湾同胞从此受尽了欺辱与掠夺，郑成功决定出兵收复台湾。

公元 1661 年，郑成功亲自率领 25000 余名将士，分乘几百艘战船，浩浩荡荡从金门出发。他们冒着风浪，越过台湾海峡，准备直取台湾。

荷兰侵略军听说郑军要进攻台湾，十分惊慌。想方设法阻挡郑成功的船队登岸。郑成功利用海水涨潮的时机，驶进了鹿耳门，开始登上台湾岛。台湾人民听到郑军来到，成群结队推着小车，提水端茶，兴高采烈迎接亲人。

荷兰侵略军一面偷偷派人去搬救兵，一面派使者到郑军大营求和，悄悄地对郑成功说："如果你肯退出台湾，我们给你奉上十万两白银。"

郑成功扬起眉毛，威严地说："台湾本来是我国的领土，我们收回这地方，是理所当然的事，你们如果赖着不走，就把你们赶出去！"

台湾城的侵略军企图顽抗，等待救兵，而郑成功决定包围台湾城。郑军把台湾城整整围困了七个多月，荷兰守军水尽粮绝，已无力应战。当郑成功下令向台湾城发起强攻时，荷兰侵略军走投无路，只好扯起白旗投降，灰溜溜地离开了台湾。

郑成功收回了被荷兰侵略者盘踞三十八年的神圣领土台湾，成为我国历史上杰出的民族英雄。

林则徐：打响晚清禁毒第一枪

林则徐（1785—1850），福建侯官（今闽侯）人，清代政治家、思想家和诗人，为官正直清廉，被百姓称为"林青天"，因其主张严禁鸦片，有民族英雄之称，被誉为中国"开眼看世界第一人"。

虎门销烟

清朝末年，到处都是抽鸦片的中国人，面对烟毒泛滥，1838 年 9 月，林则徐向道光帝上了一份奏折，大声疾呼：如果再不严禁鸦片，那么几十年后，中国几乎没有可以派出抵抗敌人的军队，而且没有可以发军饷的白银，国家就被鸦片蛀空了！林则徐的警告让道光帝触目惊心，于是派林则徐为钦差大臣，前往广州查禁鸦片。

1839 年 3 月，林则徐到达广州，明察暗访，缉拿烟贩。他对外宣称："若鸦片一日不绝，本大臣一日不回，誓与此事相始终，断无中止之理！"禁毒之心，坚定无比。

外国烟贩和勾结他们的洋行商人，起初并没有把林则徐的到来放在心上。他们知道，清朝官员极其腐败，只要花上银子，没有过不了的关。于是，他们派洋行的老板为代表，去求见林则徐，暗示贿赂的数目。林则徐听完了来意，拍案而起，怒斥道："本大臣不要钱，只要你的脑袋！"他命令洋行老板回去告诉外国主子：限三天以内，把所带的鸦片全部交官，并且写下今后永远不夹带鸦片的保证书。如果胆敢违令，一经查出，货物一律充公，贩卖鸦片的商人一律处死。

1839年6月3日，林则徐率领广东大小官员，前来监督销毁收缴的鸦片。一箱箱鸦片被投入浸满海水的大池中，再倒上海盐和生石灰，顿时池水沸腾，浓烟滚滚，鸦片化作了灰烬。虎门销烟整整持续了二十三天，每天都有成千上万围观的群众，发出了春雷般的欢呼声，简直大快人心。

林则徐在查禁鸦片的同时，加强了海岸的军事防备。虎门销烟后，英商监督义律率英国兵船多次发起武力挑衅，都被中国军队击退。

林则徐虎门销烟的胜利，从一定程度上遏制了鸦片在中国的泛滥，它展示了中华民族反对外来侵略的决心和能力，对中国人民抗击外来侵略有着标志性的意义。

《海国图志》

《海国图志》是以林则徐主持编译的《四洲志》为基础，将当时搜集到的其他文献书刊资料和魏源自撰的多篇文章加入其中，扩编而成，是中国近代史上最早的一部由国人自己编写的有关世界各国情况介绍的巨著。全书详细叙述了世界各地和各国历史政治、风土人情，主张学习西方国家的科学技术，提出"师夷长技以制夷"的中心思想。

▲虎门销烟场景画

康有为：维新变法的积极推动者

康有为（1858—1927），广东南海人，故称"康南海""南海先生"，中国晚清时期重要的政治家、思想家、教育家，资产阶级改良主义的代表人物。

积极有为的"南海先生"

康有为出生于封建官僚家庭，自幼学习儒家思想，十九岁时拜南海知名学者朱次琦为师。朱次琦崇信宋明理学，因此，康有为在宋明理学的影响下，鄙弃所谓汉学家的烦琐考据，企图开辟新的治学道路。他22岁离开朱次琦，一个人到西樵山白云洞读书，读了不少经世致用的书，如顾炎武的《天下郡国利病书》、顾祖禹的《读史方舆纪要》等。同年他游历了一次香港，此次游历使他大开眼界。1882年，康有为到北京参加会试，回乡时经过上海，进一步接触到了西方资产阶级思想，并收集了不少介绍资本主义各国政治制度和自然科学的书刊。经过学习，康有为逐步认识到资本主义制度比中国的封建制度先进。帝国主义的侵略，清朝的腐败，使年轻的康有为胸中燃起了救国之火。西方的强盛，使他立志要向西方学习，借以挽救正在危亡中的祖国。

1888 年 9 月，康有为上书光绪帝，痛陈祖国的危亡，批判因循守旧的顽固派，要求变法维新。1891 年，康有为回到广东，开办万木草堂学馆，聚徒讲学，积极为变法运动创造理论，其改革精神在当时的知识界产生了强烈的震动和反响。

▲康有为像

公车上书

1895 年，丧权辱国的《马关条约》签订的消息传回国内，全国上下群情激愤，反抗侵略、保国救亡的呼声一天比一天高涨。康有为事先知道了条约中有割让台湾和赔款的条款，感到这个屈辱的条约万万不能签，便马上叫来广东和湖南两省参加会试的举人，于 4 月 22 日到都察院去上书，要求拒签条约。经过他的动员，许多爱国官员、社会名流纷纷上奏，交都察院转送朝廷，一时间上书的人们塞满大街，连上朝大臣的车辆都被包围得无法通过。台湾籍的举人得知家乡要被割让，更是痛哭流涕，泣不成声。

康有为见群情沸腾，决定抓住这个机会，于 4 月 30 日召集十八省赴京应考的举人开会，准备发动一次大规模的上书请愿活动。大会结束后，康有为接受与会者重托，起草了一封长达 18000 字的《上皇帝书》，提出了拒和、迁都、变法三项要求，写好后分送各省举人传阅。大家都很赞成康有为的观点，共有1300多名举人在《上皇帝书》上签了名，这就是"公车上书"。

康有为作为晚清社会的活跃分子，倡导维新运动，体现了历史前进的方向，是资产阶级改良派的代表人物。

詹天佑："中国铁路之父"

詹天佑（1861—1919），广东南海人，中国近代铁路工程专家，有"中国铁路之父"之誉。

一心报国

詹天佑小时候就对机器十分感兴趣，常和小伙伴们一起用泥土捏成各种机器模型。有时，他还偷偷地把家里的自鸣钟拆开，摆弄和琢磨里面的构件，经常提出一些连大人也无法解答的问题。1872 年，年仅十二岁的詹天佑到香港报考清政府筹办的"幼童出洋预习班"。从此，他辞别父母，怀着学习西方"技艺"的理想，赴美国就读。

在美国，出洋预习班的同学们目睹了西方科学技术的巨大成就，对中国的前途产生悲观情绪，詹天佑却坚定地说："今后，中国也要有火车、轮船。"他怀着为祖国富强而努力的信念，刻苦学习，于 1878 年考入耶鲁大学土木工程系，专攻铁路工程。1881 年，

▲詹天佑像

他在毕业考试中名列第一。之后，他谢绝了美国老师的挽留，毅然回到了贫弱的祖国。

回国后，詹天佑满腔热忱地准备把所学本领贡献给祖国的铁路事业。但是，清政府洋务派官员迷信外国，在修筑铁路时一味依靠洋人，竟不顾詹天佑的专业特长，把他差遣到福建水师学堂学驾驶海船。1882年11月，他被派往旗舰"扬武"号担任驾驶官，指挥操练。1883年，中法战争爆发，詹天佑在战斗中作战勇敢，表现突出，受到中外官兵一致赞扬。

为国争光

中法战争后，詹天佑几经周折，转入中国铁路公司担任工程师，从此献身中国铁路事业。

刚上任不久，詹天佑就遇到严峻考验。当时的滦河铁路桥方案经英、日、德三国工程师先后设计，均告失败。詹天佑认真总结了三国工程师失败的原因之后，亲临一线与工人们一起进行实地调查，精密测量。经过仔细比较，他最后确定了桥墩的位置，并且大胆采用新方法——"压气沉箱法"完成了桥墩的施工。詹天佑的建桥方案成功了。

滦河大桥初战告捷，但他却面临着更为严峻的考验。1905年，清政府决定兴建北京至张家口的铁路。关键时刻，詹天佑勇敢地接下了这个艰巨的任务，全权负责京张铁路的修筑。消息传来，举世皆惊，一些人甚至攻击詹天佑狂妄自大、不自量力。詹天佑顶着压力，表示：

"中国已经醒过来了，中国人要用自己的工程师和自己的钱来建筑铁路。"

詹天佑亲自带着测量人员，背着各种仪器，日夜在崎岖的山岭上奔波。詹天佑与工人们同吃同住，同挖石，同挑水。他鼓舞大家说："京张铁路是我们用自己的人、自己的钱修建的第一条铁路，全世界的眼睛都在望着我们，必须成功！"为了保证火车顺利爬上八达岭，詹天佑创造性地运用"折返线"原理，设计了"人"字形线路，从而有效降低了坡度，保证了列车安全上坡。

1909年10月2日，京张铁路全线通车。该工程原计划六年完成，实际只用了四年，工程费用只用了外国人估价的五分之一。

京张铁路建成后，詹天佑又主持修建了粤汉等重要铁路，为建设中国近代铁路事业立下不可磨灭的功勋。

▲京张铁路修成时詹天佑（车前右三）与同事合影

大事記

1368年：朱元璋称帝，定国号为明，建都应天府，建元洪武

1369年：朱元璋制定封建诸王的制度

1373年：颁行《大明律》

1380年：朱元璋罢中书省，废丞相

1382年：朱元璋宣布恢复科举

1387年：编造"鱼鳞图册"

1397年：颁行《大明律诰》

1399年：燕王朱棣发动"靖难之役"

1402年：朱棣即位

1403年：改北平为北京

1405—1433年：郑和前后七次出使西洋

1421年：迁都北京

1435年：王振得宠，明代开启宦官专权之祸

1449年：明英宗朱祁镇在土木堡被瓦剌所俘，史称"土木之变"

1457年：徐有贞、石亨等拥护明英宗复辟，史称"夺门之变"

1521年：朱厚熜以地方藩王入主皇位，引发"大礼议"事件

1550年：蒙古土默特部俺答汗率军侵犯大同，史称"庚戌之变"

1556年：戚继光组织戚家军

1561年：戚继光率戚家军在台州九战九捷，荡平浙东倭寇

1571年：明朝封蒙古俺答汗为顺义王，达成互市协议

1581年：全国通行"一条鞭法"

1592年：日本丰臣秀吉率军入侵朝鲜，明神宗朱翊钧发兵援朝

1598年：明、朝联军打败入侵日军

1611年：东林党争起

1616年：努尔哈赤称汗，建立金国，史称后金

1618年：后金努尔哈赤发布"七大恨"讨明檄文，起兵反明

1624年：荷兰入侵台湾

1626年：皇太极继承后金汗位

1635年：皇太极改族名"女真"为"满洲"

1636年：后金皇太极称帝，改国号为大清

大事記

1644年：李自成攻陷北京，明朝覆灭，清军入关

1662年：郑成功收复台湾

1681年：康熙帝平定三藩之乱

1684年：清朝设置台湾府

1728年：清朝在西藏设置驻藏大臣

1782年：《四库全书》完成初稿

1839年：林则徐虎门销烟

1840—1842年：鸦片战争

1842年：中英《南京条约》签订

1851—1864年：太平天国运动

1856—1860年：第二次鸦片战争

1860年：英法联军火烧圆明园，《北京条约》签订

1861年：辛酉政变，慈禧太后登上中国政治舞台

1861—1894年：洋务运动

1894—1895年：中日甲午战争

1895年：中日《马关条约》签订

1898年：戊戌变法

1899年：义和团兴起

1900年：八国联军侵华

1901年：《辛丑条约》签订

1905年：孙中山创立中国同盟会

1911年：武昌起义

1912年：中华民国成立，宣统帝溥仪宣布退位，清朝灭亡